Joseph Karabacek

Neue Quellen zur Papiergeschichte

Joseph Karabacek

Neue Quellen zur Papiergeschichte

ISBN/EAN: 9783743337855

Hergestellt in Europa, USA, Kanada, Australien, Japan

Cover: Foto ©ninafisch / pixelio.de

Manufactured and distributed by brebook publishing software (www.brebook.com)

Joseph Karabacek

Neue Quellen zur Papiergeschichte

VON

DR. JOSEPH KARABACEK

O. Ö. PROFESSOR DER GESCHICHTE DES ORIENTS UND IHRER HILFSWISSENSCHAFTEN
AN DER K. K. UNIVERSITÄT WIEN, WIRKLICHEM MITGLIEDE DER KAISERLICHEN AKADEMIE DER
WISSENSCHAFTEN, EHRENMITGLIEDE DES INSTITUT ÉGYPTIEN ETC.

MIT 1 LICHTDRUCKTAFEL UND 4 TEXTBILDERN

WIEN
AUS DER K. K. HOF- UND STAATSDRUCKEREI
1888

INHALT.

Einleitung 1
I. Das Alter des 'Umdet el-kuttâb 2
II. Der arabifche Text des Capitels über die Papierbereitung fammt Lefevarianten 10
III. Ueberfetzung des Textes und der wichtigeren Varianten 13
    1. Die Bereitung des Papierftoffes und der Papierblätter 13
    2. Befchreibung der Tränkung (Leimung) des Papiers 15
    3. Befchreibung der Antikifirung des Papiers 15
IV. Commentar 16
    1. Das Papiermaterial und deffen erfte Vorbereitung 16
    2. Das Wafchen und Bleichen der Hanffafern 18
    3. Das Zerfchneiden und Schwemmen des Hanfmaterials 18
    4. Die Darftellung des Halbzeuges 19
    5. Die Bereitung des Ganzzeuges 20
    6. Das Schöpfen 20
        a) Die Schöpfbütte 20 — b) Die Formen der Rahmen 21 — c) Die Kautfchgeräthe: Büttenbrett, Filzzeug und Trockenwand 22 — d) Die Arbeiten des Schöpfens und Kautfchens 22.
    7. Das Füllen und Weifsen 23
    8. Das Trocknen 25
    9. Die Zurichtung (Appretur) des Papiers 26
        a) Das Zufammenlegen 26 — b) Das Trockenpreffen 26 — c) Das Glätten 26.
    10. Die Leimung (collage) 28
        a) Die Leimung mit Reiswaffer 28 — b) Die Leimung mit Weizenftärkekleifter 32 — c) Die Leimung mit Traganth 33.
    11. Das Antikifiren des Papiers 35
        a) Das Antikifiren mit Safran 36 — b) Das Antikifiren mit Feigen 36.
V. Ueber die Papierfärberei 38
    1. Blaue Papiere 38
        a) Färbung mit Indigo 38 — b) Färbung mit Aloë 39.
    2. Oelgrüne Papiere 41
    3. Violette Papiere 41
    4. Rothe Papiere 41
    5. Aloëholzartige Papiere 42
    6. Saatfärbige Papiere 42
    7. Gelbe Papiere 43
VI. Die Entftehung der Fabel vom Baumwollenpapier 43

Nachweis der Tafel und Textbilder:

Tafel: Arabifches Leinen-Lumpenpapier des X. Jahrhunderts n. Chr. mit unvermahlenen Gewebereften und Garnfäden (Farben-Lichtdruck). Seite 19.

Im Texte: Lichtdruck Seite 6: Begleitfchein des XI. Jahrhunderts n. Chr. (Leinen-Lumpenpapier. — Seite 20: Deutfche Papierwerkftätte vom Jahre 1568 (Fig. 1). — Seite 21: Chinefifcher Schöpfer (Fig. 2); Chinefifcher Kautfcher (Fig. 3).

Berichtigungen:

Seite 84, letzte Zeile von unten lies: الكثيراء .

Seite 110, Zeile 4 von unten lies: „Dafs ich — laffe."

Unerwartet und fchneller als man es nach den im Vereine mit JULIUS WIESNER durchgeführten hiftorifch-mikrofkopifchen Papierunterfuchungen[1] vorausfetzen durfte, hat fich unferen, der Oeffentlichkeit mit zuverfichtlicher Ruhe übergebenen Refultaten ein glänzender Wahrheitsbeweis hinzugefellt. Wenn fich unfere Doppelarbeit, foweit ich erfahren konnte, des ungetheilten Beifalls und der Zuftimmung berufener Fachgenoffen zu erfreuen hatte, und anerkannt wurde, dafs durch fie mit der Befeitigung eines alten tiefeingewurzelten Irrthumes die Kenntnifs des Gegenftandes nunmehr auf neue Grundlagen geftellt fei, konnte es doch nicht verborgen bleiben, wie hie und da im Stillen noch verzweifelte Hoffnungen auf eine restitutio in integrum diefes zünftig feftgehaltenen Irrthums genährt würden. ‚Einer neuen Wahrheit ift nichts fchädlicher als ein alter Irrthum' fagte eben fchon Altmeifter Goethe.

Aber wie die Wiffenfchaft über offene und verfteckte Hinderniffe unaufhaltfam der Wahrheit entgegen hinwegfchreitet, und in folchen Fällen der Vergleich mit dem ins Rollen gekommenen Stein auch auf fie anwendbar ift; fo kam es, dafs mir bald nach dem Erfcheinen unferer Doppelarbeit bei gleichzeitiger eigener Entdeckung von befreundeter Seite aus Leiden die Kunde von der Exiftenz eines alten arabifchen handfchriftlichen Werkes zukam, welches in feinem die Technik der Schreibkunft behandelnden Inhalte auch ein Capitel über die Papierbereitung darbiete.

Kurz nach der Ausgabe des letzten Doppelbandes diefer ‚Mittheilungen' fanden fich nämlich in meinen Collectaneen einige von mir vor zwanzig Jahren in Gotha niedergefchriebene, feitdem aber aufser Geficht gekommene Notizen, welche mich auf das in der Gothaer herzoglichen Bibliothek bewahrte عمدة الكتاب وعدة ذوى الالباب *'Umdet el-kuttâb wa 'udde dfawi el-albâb* und das darin enthaltene Papiercapitel verwiefen. Zur felben Zeit benachrichtigte mich Herr Dr. M. TH. HOUTSMA in Leiden von der Exiftenz einer im Privatbefitz des Haufes E. J. Brill befindlichen Handfchrift gleichen Titels, worauf fich noch eine in der 1884 erworbenen Landberg'fchen Sammlung der königlichen Bibliothek zu Berlin nachweifen liefs. Die Generalverwaltung der letzteren, fowie die Direction der herzoglichen Bibliothek in Gotha durch Herrn Geh. Hofrath Dr. PERTSCH haben auf meine Bitte diefe Handfchriften bereitwilligft mir zur Benützung überfandt, indefs Herr

---

[1] Mittheilungen, II. und III. Band, pag. 87—178 und 179—260.

Dr. Houtsma fich der Mühewaltung einer Collation der ihm eingefchickten bezüglichen Textabfchrift mit dem Leidener Codex gütigft unterzog. In Folge diefes überaus gefälligen Entgegenkommens der genannten Bibliotheksverwaltungen und der collegialifchen Unterftützung, für welche hier wärmftens zu danken ich mich angenehm verpflichtet fühle, ift es mir möglich geworden, der Papiergefchichte neue und wichtige Quellen zu erfchliefsen, die durch weitere Belege, insbefondere aus der erzherzoglichen Sammlung geftützt, mit beweiskräftiger Autorität unferen erften Forfchungsergebniffen fich anreihen.

Die folgenden Mittheilungen werden demnach enthalten:
1. Eine Unterfuchung über das Alter des '*Umdet el-kuttâb*, 2. den Wortlaut des in ihm enthaltenen arabifchen Textes über die Papierbereitung fammt Varianten und Zufätzen, 3. die Ueberfetzung des Textes und der wichtigeren Varianten, 4. den fachlichen Commentar dazu, 5. Einiges über die Papierfärberei und endlich 6. eine neuerliche Erörterung über die Entftehung der Fabel vom Baumwollenpapier.

I. Das Alter des 'Umdet el-kuttâb.

Mit dem Titel عدة الكتاب وعدة ذوى الألباب, ,die Stütze der Schreiber und das Rüftzeug der mit Verftand Begabten' bezeichnet fich eine anonyme Schrift in mehreren Copien, und zwar in:

Gotha: Cod. Nr. 1354, 67 Blätter, nicht datirt, aus dem XVIII. Jahrhundert und Cod. Nr. 1355, 56 Blätter, vollendet am Dienftag Morgen des 25. Ramadhân 1167 H. = 16. Juli 1754 von dem Aegypter Isma'îl efch-Schobrâwi ibn efch-Scheich Ahmed el-Ghazâni, beide von U. J. Seetzen 1807 und 1808 in Kairo erworben. Sodann zwei Bruchftücke derfelben Schrift, Cod. Nr. 1357, 13 Blätter, neue Abfchrift, Seetzen in Kairo 1804 und Nr. 1356, ein einziges und das erfte Blatt des Werkes.[2]

Von mir im Folgenden der Reihe nach mit *Ga*, *Gb*, *Gc*, *Gd* bezeichnet.

Berlin: Ms. Landb. 637, 39 Blätter, in Abfchrift vollendet den 21. Muharrem 1228 H. = 24. Jänner 1813.[3]

Mit *L* citirt.

Leiden: Die Brill'fche Handfchrift, nicht datirt, doch nach Herrn Dr. Houtsma's Schätzung aus dem 10. Jahrhundert d. H. = XVI. Jahrhundert Chr.

Mit *Br* bezeichnet.

Schon bei flüchtiger Durchficht des Werkes läfst fich ein höchft bedeutfamer, die Technik in der arabifchen Schreib- und Handfchriftenkunde umfafsender Inhalt erkennen, welcher dadurch fowohl, wie durch das augenfcheinliche Alter der Ueberlieferung, durch den Ernft und die Klarheit der Darftellung und feine kritifche Verläfslichkeit weit über andere ähnliche das Schriftwefen des europäifchen Mittelalters betreffende Quellen fich erhebt.

Zunächft wird es fich darum handeln, die Zeit der Entftehung diefes Werkes in feiner vorliegenden Geftalt ausfindig zu machen.

---

[2] Vergl. W. Pertsch, die Arab. Handfchriften der herzogl. Bibl. zu Gotha, III, 25 ff.

[3] W. Ahlwardt, Kurzes Verzeichnifs der Landberg'fchen Sammlung arabifcher Handfchriften, Berlin 1885, S. 61. Nr. 637.

Auf dem Titel des einzigen Blattes *Gd*, deffen Capitelaufzählung fchon eine abweichende Recenfion vermuthen läfst, wird als Verfaffer الامير الاجلّ المعزّ بن باديس صاحب المهديّة, ‚der grofsherrliche Emír el-Mu'izz ibn Bádis, Fürft von el-Mehdijje' genannt,[4] der ziridifche Dynaft, welcher im Jahre 453 H. = 1061 Chr. ftarb. Später wird es fich zeigen, was von diefer Angabe zu halten ift. Das Werk felbft, in dem mir vorliegenden vollftändigen Inhalt der Codices *Ga*, *Gb* und *L*, gibt andere Anhaltspunkte für die Zeitbeftimmung. Das dritte Capitel über die Tintenbereitung, *L*, fol. 9*a*; *Ga*, fol. 10*r*; *Gb*, fol. 9*r*, beginnt:[5] صفة حبر منسوب للشيخ علي بن هلال المعروف بالبوّاب (بابن البوّاب ا.) وهو تسختُ الصغراء الذى استفادها من الشيخ جمال الدين العجمى الكاتب الحلبى ومن اقاربه بديوان[6] الانشاء الخ, ‚Befchreibung einer Tinte, die zugefchrieben wird dem Scheich 'Alí ibn Hilál, bekannt unter dem Namen Ibn el-Bawwáb, und das ift fein kleines Recept, welcher dasfelbe erworben hat von dem Staatsfecretär aus Haleb, Scheich Dfchemál ed-dín el-'Adfchemí und den ihm in der Staatskanzlei Nächftftehenden.' Ibn el-Bawwáb ift der im Jahre 413 H. = 1022 Chr. verftorbene berühmte Schönfchreiber, deffen Schriftzug noch zwei Jahrhunderte fpäter ein anzuftrebendes Vorbild für die Meifter der Kalligraphie blieb.[7]

Keine Sicherheit bringen zwei andere Stellen, wo *L*, fol. 37*a*; *Ga*, fol. 65*a*; *Gb*, fol. 35*r*, Recepte für die Lazurbereitung nach Ueberlieferung des ابو الحسن الصورى, Abú-l-Hafan eṣ-Ṣuwwarijj (oder eṣ-Ṣúrijj) befchrieben werden. Zunächft wäre da an den 603 H. = 1206, 7 Chr. geftorbenen, aus صور *Ṣuwwar*, einem Dorfe des Gebietes von Haleb ftammenden Traditionskenner und Kritiker diefes Namens zu denken,[8] wofür ich freilich keinen ficheren Anhaltspunkt habe finden können. Ganz unbeftimmbar bleibt vorläufig der in *L*, fol. 14*r*; *Ga*, fol. 18*r*; *Gb*, fol. 17*a* als Ueberlieferer eines Tintenreceptes genannte الشيخ ناصر الدين, Scheich Náṣir ed-dín.

Wichtig ift das folgende Citat. In *L*, fol. 13*r*; *Ga*, fol. 11*r*; *Gb*, fol. 12*a* wird das Recept einer Galläpfeltinte (نسخة مركّب) gegeben: وجدت بخطّ النقّاش نقلها عن الكاتب الاديب صدر الدين نقلها عن ابيه, ‚Es exiftirt dasfelbe von der Hand des Miniaturers, der es copirt hat nach dem literarifch gebildeten Schreiber Ṣadr ed-dín, der es wieder nach feinem Vater überliefert hat'. Zum Schluffe heifst es: قال عملتها لنفسى على هذه الصفة ولم أر احسن منها جزاه الله عن نصيحته خيراً, ‚Er (der Miniaturer) fagt: ich bereitete diefe Tinte für mich perfönlich nach vorliegender Befchreibung und habe in der That eine fchönere als fie nicht gefehen. Gott lohne es ihm mit Gutem, wegen feiner aufrichtigen Berathung'. Vorher, *L*, fol. 8*a*, lernen wir gelegentlich der Befchreibung einer Vitriollöfung nach Erfahrung desfelben Ṣadr ed-dín, deffen Eigennamen Múfa kennen (وهذا اختبار صدر الدين موسى الكاتب), dem hinzugefügt ift: احسن الله اليه, ‚Gott möge ihm wohlthun!'

Unter mehreren, den Beinamen النقّاش *en-Naḳḳáfch*, d. i. der Miniaturer führenden Perfönlichkeiten[9] ift wohl nur an 'Ifa, Sohn des Hibet-Alláh, den ‚Miniaturer' aus Bagdád

---

[4] PERTSCH, l. c. III, 26.

[5] *Ga*, fol. 10*r*, *Gb*, fol. 9*r* نسخة الصغرى.

[6] *L* ابقا ديوان.

[7] Ibn el-Athír, Chron. ed. TORNBERG, XII, 263.

[8] Dfahabí, Al-Mufchtabih, ed. P. DE JONG, 317; Sojúthí, Ḥusn el-muhádhare, Buláker Ausgabe vom Jahre 1299, I, 200.

[9] Z. B. Ibn el-Athír, l. c. VIII, 404; Sojúthí, Ḥusn el-muhádhare, I, 199.

KARABACEK, Neue Quellen zur Papiergefchichte.

zu denken. ‚Er war', fagt Ibn Schâkir,[10] ‚ein Ornamentenmaler, hernach wurde er Leinwandhändler' (وكان نقاشًا للعلي ثم صار بزازًا). Er ſtarb 544 H. = 1149/50 Chr.,[11] und Ṣadr ed-dîn Mûſâ iſt, nach Faſſung der vorhin citirten erſten Stelle zu ſchlieſsen, ſein Zeitgenoſſe geweſen. Aber auch der Verfaſſer oder Redactor unſeres Werkes ſpricht von ihm wie von einem Lebenden, weshalb wir die Entſtehung desſelben in vorliegender Geſtalt nicht auſserhalb der zweiten Hälfte des VI. Jahrhunderts d. H. (oder XII. Jahrhunderts n. Chr.) annehmen dürfen. Dies geht noch aus Folgendem hervor.

Zunächſt wird in *L*, fol. 9*r*; *Ga*, fol. 11*a*; *Gb*, fol. 10*a* von einem Tintenrecept gefagt: وهذه السخة عملت عند نور الدين العفيف واخيه عماد الدين, ‚Dieſes Recept wurde bei Nûr ed-dîn dem Enthaltſamen und ſeinem Bruder 'Imâd ed-dîn bereitet'. Der Erſtere iſt zweifellos Nûr ed-dîn Muhammed, Sohn des Ḳarâ Arslân, ortokidiſcher Fürſt von Ḥiṣn Keifâ und Amid, 562—581 H. = 1167—1185 Chr., welcher auf ſeinen Münzen den Ehrentitel محيي العدل, ‚Wiederbeleber der Gerechtigkeit' wohl deshalb führt, weil er, wie es ſonſt in der Redeweiſe heiſst:[12] وكان حسن السيرة عفيفًا عن المال, ‚von ſchönem Lebenswandel und irdiſchen Gütern gegenüber enthaltſam war'. Sein Bruder 'Imâd ed-dîn Abû Bekr ſtand an der Spitze des Heeres. Nach Nûr ed-dîn's Tode verſuchte er wegen der Minderjährigkeit von deſſen Söhnen die Herrſchaft an ſich zu reiſsen. Als dies miſslang, bemächtigte er ſich der Feſte Charta Birt, wo ſeine Dynaſtie bis 620 H. = 1223 Chr. ſich behauptete. 'Imâd ed-dîn regierte von 581 H. = 1185 Chr. bis ungefähr 600 H. = 1204 Chr.[13]

Dies ſind poſitive Daten. Darüber hinaus kann der terminus ad quem der Abfaſſung oder Redaction kaum geſchoben werden: das VII. Jahrhundert d. H. (XIII. n. Chr.) ward ausgefüllt von drei berühmten Schönſchreibern des gleichen Namens, Jâḳût, deren erſter Amîn ed-dîn Jâḳût el-Mauṣilî, Freund des Hiſtorikers Ibn el-Athîr, 618 H. = 1221 Chr., der dritte Dſchemâl ed-dîn Jâḳût el-Muſta'ṣimî er-Rûmî 698 H. = 1299 Chr. geſtorben iſt.[14]

Viele die textliche Vollendung des Werkes in dieſe durch die drei glänzendſten Namen bezeichnete Epoche ſpätarabiſcher Kalligraphie, ſo müſste *L*, fol. 4*r*; *Ga*, fol. 5*a*; *Gb*, fol. 4*r* in dem über die معرفة الاقلام, ‚Kenntniſs der Schriftarten' handelnden erſten Capitel unbedingt wenigſtens von einer der für ihr Zeitalter claſſiſchen Schreibweiſe der drei Jâḳûte, d. h. von einem قلم ياقوتي, ‚Jâḳûtiſchen Schriftzug'[15] die Rede ſein, was nicht der Fall iſt. Wohl werden an mehreren Stellen (*L*, fol. 15*r*, 19*r* und *Ge*, fol. 11 *a* f.) ‚Jâḳûtiſche' Tinten beſchrieben. Dieſe Bezeichnung hat indeſs keine Beziehung zu einer

---

[10] Fawât el wafajât, Bûlâḳer Ausgabe, II, 121.

[11] Ibn el-Athîr, l. c. XI, 97; Ibn Schâkir, l. c. II, 120 f.

[12] Z. B. bei Ibn el-Athîr, l. c. XI, 372.

[13] Ibn el-Athîr, l. c. XI, 217, 339; XII, 132. — Abû-l-fedâ, Târiḫ, Conſtant. Ausg. III, 46. — Es liegt kein Grund vor, mit Corrigirung der Hiſtoriker das Datum der Thronbeſteigung Nûr-ed-dîn's in das Jahr 570 H. = 1174/5 Chr. zu verſchieben, was St. L. Poole in Marsden's Numismata orientalia, 1875, II, 16 auf Grund einer Münziegende, deren Leſung wohl noch bezweifelt werden darf, zu unternehmen ſich erlaubt.

[14] Ibn el-Athîr, l. c. XII, 263 f. — Jâḳût, Muſchtarik ed. Wüstenfeld, XVII. — Ibn Challikân, Wefajât el-â'jân, Bûlâḳer Ausgabe vom Jahre 1249, II, 274, 275 ff. — Abû-l-Mahâſin, in Quatremère's Hiſt. des Sult. Maml. II, 2, 140 f. — Sojûṭhî, Târich el-Chulaſâ ed. W. N. Lees, Calcutta 1857, 496. — Nafaſîzâdè, Rifâlè-i midâdijjè we ḳarthâſijjè, Türk. Handſchr. der k. k. Hofbibl. in Wien, N. F. 15 a (b), fol. 8 r f. (12 v f.)

[15] Nafaſîzâdè l. c. fol. 15 r ff. (11 a ff.)

den Namen Jâḳût führenden Perſönlichkeit, ſondern geht auf die Farbe: ياقوتى *jâḳûti* bedeutet im Allgemeinen die hyacinthfarbige Tinte, von ياقوت *jâḳût*, ὑάκινθος, perſ. ياكند *jâkend*; im Beſonderen, nach dem rothen Jâḳût (Rubin), die rothe, rubinfarbige Tinte: ſie wird مشرق ‚leuchtend‘ und عجيب فى الحمرة ‚wunderbar in der Röthe‘ geſchildert (*Gc*, fol. 11*r*). Andere Arten (*L*, fol. 19*r*) ſind die الوردى ‚roſenfarbige‘ und die الزنجارى ‚roſtrothe‘ Jâḳûti-Tinte. Nach zwei Arten des gelben Jâḳût (Topas) ward eine Tintengattung المشمشى ‚die aprikoſenfarbige‘, die andere النارنجى ‚die orangefarbige‘ genannt. Von dem blauen Jâḳût (Sapphir) erhielt endlich die اللازوردى ‚lazurfarbige‘ Tinte ihren Namen.

Wenn nun nach dem Geſagten, ſowie auf Grund einer vergleichenden Textprüfung von *Ga, Gb : L : Gc, Gd, : Br* zur Evidenz hervorgeht, daſs von dieſem unter dem Titel '*Umdet el-kuttâb* etc. vorliegenden Werke verſchiedene, von einander mehr oder minder abweichende Recenſionen beſtehen, deren endgiltige Faſſung ſich in Folge ſucceſſiver Umänderungen und Zuſätze aus einem und demſelben Grundtexte entwickelt hat; ſo entſteht vor Allem die Frage nach dem terminus a quo des Urtextes. Ihre Beantwortung iſt zur richtigen Beurtheilung der vorliegenden Compoſition unerläſslich.

Hält man ſich die beiden groſsen, durch die Wende des X. Jahrhunderts n. Chr. von einander geſchiedenen Epochen des Papyrus und Papieres gegenwärtig,[16] ſo wird es ſich in erſter Linie darum handeln, feſtzuſtellen, ob die Grundzüge für unſer '*Umdet el-kuttâb* in die Zeit vor dem Papiere oder in die Zeit nach dem Papyrus fallen.

Der Inhalt unſerer Codices gibt hierüber die gewünſchten Aufſchlüſſe. Mehrfach wird in ihnen des Papyrus oder der Papyrusblätter in verbranntem Zuſtande gedacht.

Die Aſche der Papyrusblätter wurde zur Tintebereitung verwendet. In *Ga*, fol. 7*r* heiſst es: ثم تعمد الى القراطيس فتحرقها الخ ‚darauf nimm die Papyrusblätter und verbrenne ſie etc.‘ An gleichzeitig angefertigten Papyrus iſt jedoch dabei nicht zu denken. Dies geht aus fol. 8*r* hervor:[17] تاخذ ظهور القراطيس وتحرق وتكب عليها جفنة لئلا تذهب قوتها فيذهب سوادها الخ ‚Nimm die reſervirten Papyrusblätter und verbrenne ſie, bedecke ſie mit einer umgeſtürzten Schüſſel, damit nicht ihre Kraft entweiche, d. h. ihre Schwärze vergehe u. ſ. w.‘ Es iſt hier alſo von ſorgſam aufbewahrten Papyrusblättern die Rede. Schon in meiner Abhandlung ‚das arabiſche Papier‘[18] wurde geſagt, daſs Papyrus, als man ihn zum Beſchreiben nicht mehr gebrauchte, noch eine Zeit lang darnach fabricirt wurde, da ſeine Aſche, wie von den Alten, vorzüglich zu pharmaceutiſchen Zwecken verwendet wurde. Daher leſen wir in der perſiſchen Pharmakologie des el-Herawi, welche zwiſchen 961 und und 976 Chr. verfaſst wurde, unter dem Schlagwort قرطاس = Papyrus:[19] قرطاس ـ سوختـ

کرست و خشک انر درجهٔ اول ـ سفه و سحج روده‌کانی را ـ منفعت کند ـ و خون رای کی از زراید یبترد و آن ـ بینی ـ نیز *, d. h. ‚der verbrannte Papyrus enthält Wärme und Trockenheit erſten Grades. Er iſt nützlich gegen Kinderſchorf und Dyſenterie mit Hautabſchürſung in dem Darme. Er ſtillt das Blut, komme es von den Hämorrhoïden oder von der Naſe.‘ Als die Fabrication

---

[16] Mittheilungen, II. und III. Band, pag. 98 ff.
[17] Ueber ظهور, ſiehe DOZY, Suppl. II, 88.
[18] Mittheilungen, II. und III. Band, pag. 101 f.
[19] Kitâb el-ebnijje etc., ed. SELIGMANN, 197.

u Ende des X. Jahrhunderts ganz einging, fammelte man zu diefen und anderen dicinifchen Zwecken alte, aufser Gebrauch gefetzte Papyrusrollen oder deren Bruchſtücke, wo man ihrer nur habhaft werden konnte. Die ägyptifche Erde erwies fich ftets ergiebig in der Herausgabe diefer Ueberrefte und bis auf den heutigen Tag als unerſchöpflich. Dafs man fchon im XI. Jahrhunderte derlei Papyrusfragmente fackweife auffammelte, erfahren wir aus dem Papier Nr. 7293 der erzherzoglichen Sammlung, in welchem المَجَلاة فيه قراطيس ‚der Futterfack, darin Papyrus' feine Rolle fpielt. Welch' herrliches Urkundenmaterial mag auf folche Weife dem Unverftand geopfert worden fein! Bedauernd lieft man in einem unferer Ufchmûner Begleitfchreiben, Papier Nr. 17631, deffen fefter und gefchulter Ductus, wie man fich an der nachftehenden Abbildung überzeugen kann, in das XI. Jahrhundert n. Chr., alfo in eine der Papyrusfabrication fchon fehr entfernte Zeit verweift, wie folgt:

Originalgröfse.

1. بسم الله الرحمن الرحيم
2. فى القفص لاحمد بن موسى القمّاح قرطاـسين
3. مشـدودة مختومة ومنّ مـاورد وبرنيّة زعفران
4. يدفع ذلك اليه ومع نفرهـا الـغـلام له ايضًـا
5. شربة حبّ أصطخيغون يدفع اليه ان شاء الله

1. Im Namen Gottes des Barmherzigen, des Erbarmenden!
2. In dem Tragkorb für Ahmed, Sohn des Mûsa, den Kornhändler, befinden fich zwei Papyrusrollen
3. gebunden und gefiegelt, [20] ferner zwei Pfunde [21] Rofenwaffer und ein Krug mit Safran,

---

[20] Alfo völlig intacte, gefchloffene Rollen, wie folche auch der Faijûmer Fund ans Tageslicht und in die erzherzogliche Sammlung gebracht hat.

[21] Im Texte منّ mann = رطلان ‚zwei Pfunde'. Nach einem jüngeren arabifchen Schriftfteller, Ibn Mammati (Kalkafchandi, ed. WÜSTENFELD, 224) wurde Rofenwaffer nach dem Dfcharawi-Gewicht verkauft. Doch kamen auch Safran, Berberizenfaft und Veilchenextract nach Mann-Gewicht in den Handel (l. c. 225).

4. fammt und fonders ihm zu übergeben. Und zugleich mit dem (diefe Sachen tragenden) Individuum, dem Jungen, für ihn (Ahmed) gleichfalls
5. ein Trank aus Stomachikon-Pillen [22], ihm zu übergeben, fo Gott will!

Noch zu Beginn des XIV. Jahrhunderts hat man in Aegypten den Zibeth mit frifchem gefchältem Sefam und mit der Afche verbrannter Papyrusblätter verfälfcht! [23] Man fieht alfo, dafs durchaus kein Grund vorhanden ift, bei den citirten Stellen unferes Werkes auch nur entfernt an gleichzeitige Papyrusfabricate zu denken. In den anderen Fällen aber, wo es fich erweislich nicht um das verbrannte *Karthâs* handelt, bedeutet diefes Wort nicht Papyrus, fondern, nach jüngerem Sprachgebrauch, كاغد , قرطس , ein Stück ‚Papier' oder ‚Papier fchlechtweg.[24] So auch in der etwas fchwieriger fcheinenden Stelle des über fympathetifche Tinten handelnden achten Capitels, welche nach *L*, fol. 21 *a* lautet: انقع النشادر فى ماء[25] حتى ينحل واكتب به فى قرطاس ودعه حتى يجف [26] فاذا اردت ظهور ذلك الخط تظهر ٭ فبخره باللبان الذكر أو سخنه على نار فان الكتابة تظهر, ‚Lafs' Ammoniak in (wenig) Waffer aufweichen, bis er ganz gelöft ift, fchreibe damit auf *Karthâs* und lafs' dasfelbe ruhig liegen, bis es getrocknet ift. (Nun ift die Schrift darauf nicht fichtbar.) Dann, wenn Du aber wünfcheft, dafs jene Schriftzüge hervortreten, beräuchere fie mit männlichem Weihrauch [27] oder erhitze fie über einem Feuer, fo wird die Schrift hervortreten.' Dafs hier unter *Karthâs* nicht ein Papyrusblatt, fondern Papier fchlechtweg zu verftehen fei, ergibt fich einfach aus der Probe: ein mit Ammoniaklöfung befchriebenes Papyrusblatt, wie es der auszufetzenden Hitze gegenüber wenig widerftandsfähig ift, fängt augenblicklich, gleich Zunder, Feuer und geht in Flammen auf, bevor fich auch nur eine Spur der hervorzurufenden Schriftzüge zeigt: ein Blatt Papier hingegen läfst, vorfichtig über die Flamme gehalten — oder wie es bei Befchreibung der gleichen Hervorrufungsmethode an anderen Stellen (fol. 8 *r*, 9 *a*) heifst: اذا قربتها الى النار , ‚wenn du es dem Feuer nahe gebracht haft' — bei leichter Bräunung des Stoffes die eingetrockneten unfichtbaren Schriftzüge überrafchend deutlich und fchön fepiafarbig hervortreten.

[22] أصطماخيقون oder in voller Schreibung أصطماخيقون = στομαχικόν, ein Purgirmittel. Dozy, Suppl. I, 26.
[23] Nabrawî, Nihâjet er-rutbe, Handfchrift der Wiener Hofbibl., Cod. 1831 (N. F. 272). Cap. XVIII, Faṣl 4.
[24] Zamachfchari, Kitâb muḳaddimet el-adab ed. WETZSTEIN, 50; Harîrî, Kitâb el-maḳâmât ed. S. DE SACY, 552.
[25] *Ga*, fol. 32 *r* hat فى قليل الماء , ‚in wenig Waffer'.
[26] *Ga*, fol. 32 *r* fügt hinzu: فان الكتابة لا تظهر , ‚Und nun ift die Schrift darauf nicht fichtbar'.
[27] Zur Erklärung dienen folgende Stellen in *L*: fol. 28 *a* حصا لبان ,Körner, Stückchen von (Weihrauch)' Harz' = λίβανος, bibl. לְבֹנָה *lebônah*; fol. 8 *r* فاذا بخرت باللبان الصمغ ظهر لون الكتابة ,Wenn es beräuchert wird mit Gummiharz (Weihrauch), fo tritt die Farbe der Schrift hervor'; fol. 29 *a* تاخذ من الكندر وهو الحصالبان قليلا ,Du nimmft ein wenig von Weihrauch, d. h. von den Stückchen des Gummiharzes etc.'; fol. 9 *a* وذلك ان تاخذ القنأوثق والكندر والحصالبان الصمغ وقيل الذكر ,Und jenes gefchieht, fobald du nimmft das (übelriechende) Galbanum (von *Ferula galbaniflua*) und Weihrauch, d. h. Stücke des Gummiharzes, welcher der Männliche genannt wird'. Der ‚männliche, von den Griechen (Dioscorides) στρόβιλος genannte Weihrauch, welcher aus von Natur walzenförmigen Stückchen weifsen Harzes beftand, wurde am beften im Spätfommer gewonnen. Ibn Baitar, II. 398; RIEHM, Handwörterbuch des bibl. Alterthums, II, 1748.

Auch bei der Stelle *L*, fol. 19 *a*: يكتب بها فى قرطاس جديد بقلم جديد‎, es wird damit geschrieben auf neuem *Karthâs* (= Papier) mit einer neuen Rohrfeder' kann mit Rücksicht auf das Ergebnifs der hiftorifchen Unterfuchung fchon gar nicht an *Karthâs* = Papyrus gedacht werden. Der Ausdruck wechfelt daher, wie nicht anders zu erwarten, mit den Synonymen ورق‎ *wárak* oder كاغد‎ *kâghid* ab; z. B. *L*, fol. 37 *r* wird für die Prüfung der Reinheit des Erdöls (دهن النفط)‎ zum Aufträufeln desfelben قرطاس ابيض‎, ‚weifses Karthâs' vorgefchrieben, welche Bezeichnung in derfelben Unterweifung von ورق‎ *wárak* = ‚Papier' abgelöft wird. Ferner werden im neunten Capitel Schrifttilgungsmittel für الرقوق والدفاتر‎ ‚die Pergamenurkunden und Papiercodices', keineswegs aber auch für die Papyrus mitgetheilt, indem L, fol. 24 *r* bemerkt, dafs nach Gebrauch eines folchen فان الكتابة تزول‎ ويبيض الورق‎ ,die Schrift verfchwindet und das *wárak*, Papier (an der befchriebenen Stelle) wieder weifs wird'.

Dafs ورق‎ *wárak* aber hier und fonft noch, z. B. *Gb*, fol. 3 *a* nur ‚Papier', nicht etwa ‚Blatt'[28] fchlechtweg, alfo auch ein Pergamen- oder Papyrusblatt bezeichnen kann, geht unter Anderem aus *L*, fol. 25 *a* hervor. Eine صفة قلع الحبر من الورق‎, ‚Befchreibung der Tintentilgung vom *wárak* (= Papier)' fchliefst mit den Worten: ثم تبخر به الكاغد فان‎ الكتابة تنقلع‎, darauf beräuchere damit das *kâghid* (= Papier), fo wird die Schrift vertilgt werden'.

Nichts führt uns, wie man fieht, bezüglich der urfprünglichen Anlage des Werkes in die Papyrusepoche zurück, wenngleich manche auf ein höheres Alter hinweifende Theile desfelben, z. B. die Recepte für die fogenannten kûfifchen Tinten, deren Name auf die ältere Schreiberfchule von el-Kûfa hindeutet, begreiflicherweife fpäterhin traditionelle Bedeutung erlangen konnten.

Es ift daher wohl annehmbar, dafs jene eingangs citirte Zufchreibung unferes *'Umdet el-kuttâb* an den Ziriden Emir el-Mu'izz ibn Bâdîs einer gewiffen thatfächlichen Unterlage nicht entbehrt, infoferne es fich eben nur um die urfprüngliche Faffung des Werkes handelt. Die Zeit des Ibn Bâdîs fällt mit dem vollendeten Siege des Papiers über den Papyrus zufammen. Es begreift fich daher, dafs unfer *'Umdet el-kuttâb* der Bereitungsweife gerade jenes Schreibftoffes ein eigenes Capitel gewährt, alfo der neuen Zeit entfprechend, dasjenige berückfichtigt, was ältere Werke diefer Art, den temporellen Anforderungen Genüge leiftend, ihrerfeits darboten. Zur Evidenz zeigt fich dies an dem viel älteren gleichnamigen عمدة الكتاب وعدة ذوى الالباب‎ der Bodleianifchen Bibliothek zu Oxford (Uri 398; Bibl. N°. Marsh 338), welches den 338 H. = 950 Chr. verftorbenen Grammatiker Abû Dfcha'far Ahmed ibn Muhammed[29] zum Verfaffer hat und das, abgefehen von feiner ganz abweichenden inhaltlichen Anlage, wie ich einer freundlichen Mittheilung des Herrn Dr. A. NEUBAUER in Oxford verdanke, nichts über Papier, wohl aber fol. 65 *r* ein Capitel über Papyrus, Buchlagen, Hefte, die zur Verfchliefsung von Urkunden dienenden Papyrusmarktftreifen, Siegelringe, Verfiegeln der Briefe, Siegelerde, Adreffen etc. (القرطاس والكراسة والاضبارة والسجاعة والخاتم وختم الكتاب وطين الختم والعنوان الخ)‎ enthält.

---

[28] Mittheilungen, II. und III., 136.
[29] Abû-l-Mahâfin, Ann. II. 325; Sojûthî, Husn el-muhâḍhare, I, 306.

Freilich bleibt es dahingeftellt, ob der als Dichter der arabifchen Literaturgefchichte angehörende Fürft el-Mu'izz ibn Bâdis [30] wirklich auch der Verfaffer oder vielmehr derjenige gewefen ift, dem der unbekannte Verfaffer — ein Unterthan — fein Werk gewidmet hat. Für das letztere fpricht ein auffallender Umftand. Das von den Fatimiden Aegyptens abhängige Gebiet des Ziriden-Emir's wies bekanntlich eine durchwegs fchi'itifche Bevölkerung auf. Nun hat die in L vorliegende Recenfion dem fol. 2 r angeführten Namen 'Ali's, nach der gebräuchlichen Anwünfchung رضى الله عنه ‚Möge Gott ihm gnädig fein!' noch die fpecififch fchi'itifche Zufatzformel وكرّم الله وجهه ‚Und möge Gott fein Antlitz edeln!' angehängt, wodurch zugleich die Autorfchaft des in feiner funnitifchen Tendenzpolitik offen gegen das fatimidifche Chalifat fich auflehnenden el-Mu'izz ibn Bâdis ausgefchloffen erfcheint. Dafs jene Formel nicht als eine willkürliche Beigabe des Copiften aufzufaffen fei, beweift der Kolophon, L fol. 39 a, welcher in dem mit Ga, fol. 67 r und Gb, fol. 56 r übereinftimmenden hergebrachten Segenswunfch für den Propheten und deffen Haus, des 'Ali keine Erwähnung thut. Zu diefem Ausdrucke arabifchen Schi'itismus kommt noch ein zweiter Umftand, welcher für die Entftehung des Grundtextes unferes *Umdet el-kuttâb* auf afrikanifchem Boden zu fprechen fcheint. Gleich im Beginn des über die Papierbereitung handelnden 11. Capitels find, wie wir fehen werden, in Ga, Gb und L als Rohmaterial zur Herftellung des Ganzzeuges fyrifche Hanfftricke vorgefchrieben. Die fehr abweichende (ältere?) Recenfion von Br läfst die Bezeichnung ‚fyrifch' weg: wenn meine Vermuthung begründet ift, wohl deshalb, weil eben das Gebiet der Ziriden, namentlich die Umgebung von Tûnis, in der Hanfcultur weit berühmt war [31] und man daher dort um fo eher die fremden fyrifchen Hanffabricate entbehren konnte.

Mehr zu fagen will ich hier unterlaffen. Sollten Zeit und Umftände die beabfichtigte Herausgabe diefes wichtigen Werkes in Text, Ueberfetzung und Commentirung geftatten, dann wäre dort der Anlafs gegeben, auf die vorftehend behandelte Frage näher einzugehen. So viel, glaube ich, darf indefs nach den von mir geprüften Handfchriften vorläufig feftgehalten werden, dafs in unferem *'Umdet el-kuttâb* ein Werk vorliegt, deffen Urtext wohl noch in die erfte Hälfte des XI. Jahrhunderts n. Chr. zurückreicht, der fich aber allgemach bis zum Schluffe des XII. Jahrhunderts und vielleicht ein Weniges darüber unter mannigfachen Zufätzen, beziehungsweife Veränderungen durch anonyme Redactoren, zu den uns vorliegenden Texten ausgeftaltet hat. Diefe, wie ich glaube, begründete Zeitbeftimmung erhöht gewifs den antiquarifchen Werth des darin enthaltenen 11. Capitels über die Papierbereitung, welches ich nun folgen laffe.

---

[30] Ibn el-Athîr, Chron. IX, 172 ff.; X, 9; Ibn Challikân, l. c. II, 137; Ibn Chaldûn, Târich. Bûlâker Ausg. VI, 158 f.; Derfelbe. Histoire des Berbères, trad. par DE SLANE, Alger 1852, I, 29 f.; Muhammed el-Bâdfchî, El-chilâfet en-nakîjje, Ausg. von Tunis, 1283 H., 40.

[31] Ibn Haukal, Kitâb el- mefâlik wa-l-memâlik, ed. DE GOEJE, 50; Idrîfî, Description de l'Afrique et de l'Espagne, ed. DOZY et DE GOEJE, 111 (Text).

II. Der arabische Text des Capitels über die Papierbereitung sammt Lesevarianten.

الباب الحادى عشر فى عمل الكاغد والاوراق وسقيها
وتوشية الاقلام ونقثها

تاخذ الحبل القنب المجيّد الابيض الكانى فتنقض فتله وبتله وتسرحه بالمشط حتى يلين وتاخذ ماء الجير الابيض العال فتنقعه فيه ليلة الى الصباح ثم تعركه بيديك وتبسطه فى الشمس حتى يجفّ نهارًا كاملا ثم تعاوده الى ماء الجير غير الماء الاوّل ليلة الى الصباح ثم تعركه بيدك كعركك الاوّل وتبسطه فى الشمس ثلاثة ايام او اكثر من ذلك فان بدلت ماء الجير كلّ يوم كان اجود فاذا تناهى بياضه اقرضه بالمقراض صغارا ثم انقعه فى ماء عذب سبعة ايام ايضا تبدل له الماء كلّ يوم فاذا ذهب منه الجير دقّه فى جرن حجر دقّا ناعمًا وهو ندى طرى فاذا لان ولم يبق فيه شئ من اليبس والعقد فتاخذ ماء آخر فى اناء نظيف وتحلّله حتى يصير مثل الحرير ثم تعمد الى قوالب على قدر ما تريد تكون معمولة من السمار تكون على شكل السلّ فى النسج عرضها وطولها على ما تحبّ من تقطيع الورق وتكون مفتوحة الحيطان ثم تعمد الى ذلك الحبل القنب المعمول تضربه ضربًا شديدًا حتى يختلط فى قصرية كبيرة تغطّ ذلك القوالب فى الماء وتحرّكه وتسوّيه بيدك على وجه القالب لئلّا يكون موضعا ثخينًا وموضعا رقيقًا فاذا احكمته فاقمد على قالبه منصوبًا حتى يأتى على ما تريد ثم تقلب ما على القالب على لوح وتلصقه على حائط نظيف مملّس وتتركه حتى يجفّ وبعط ثم خذ الدقيق الناعم الحوّارى وانشاء المصفيين فترمى الدقيق والنشاء فى الماء البارد حتى لا يبقى فيه شئ مختلف ثم تغلى ماء حتى يغور فاذا فار صبّ على ذلك الدقيق والنشاء وحركها حتى يمترجا ثم اصبر حتى يسكن ويروق ثم اعد الى ذلك الورق واطليه بيدك من وجه واحد وانشره على قصبة فارسية فاذا جفّ اطليه وجهه الآخر كالاوّل وجفّفه ثم ردّدد على لوح ورش عليه الماء رقيقًا وجها بعد وجه وانت تجفّفه فاذا اعجبك بعد ذلك جفافه تصقله ٭

صفة سقى الكاغد وهو المسمى فى مصطلح الناس الآن علاج

تأخذ الارز تطبخه فى طنجير مجلّى من الصدى حتى يخرج نشاه كاملا تصفّيه فى خرقة نظيفة وتدلى الورق فى ذلك النشاء المصفى وتنشره على الغاب الفارسى حتى يجفّ تصقله ويكون ذلك الماء المغلى فيه الارز لاكثيرًا فيصير مائعا ولا قليلا فيصير كثيفًا يتجمد على الورق ويتقشّر بل يكون فى قوام الرهف

ومن الناس من يطبخ الردادة وهى نخالة المنخة الناعمة التى بها اثر الدقيق وامّا نخالة القشر فلا خاصّية فيها فاذا طبخ الردادة المذكورة وخرجت حاشيتها كما تقدم ادلى فيها الورق كما تقدم

ومنهم من ينقع الكثيراء ويغليها حتى يصير لها قوام كما تقدم ويبقى بها الورق كما تقدم

صفة[71] تَعْتِيق[72] الكاغد

يؤخذ[73] طنجير[74] نحاس يصب فيه[75] عشرة ارطال ماء عذب صافى[76] ويجعل[77] على النار ويطرح فيه نشاء نقى جيّد ويغلى[78] حتى ينقص من الماء مقدار قيراطين واكثر[79] ويجعل[80] فيه يسيرًا من الزعفران بقدر[81] ما يحتاج اليه من تلوّنه[82] ويصبّ [منه] فى طبق[83] واسع ويغمس فيه الورق غمسًا رفيقًا[84] كِلّا[85] يتقطع وينشر على قصب فارسى[86] مفتح[87] عن بعضه[88] لئلّا يلتزق[89] اطراف الورق على بعضها[90] فيذوب[91] ويكون نشره[92] فى الظلّ ويحفظ[93] عليه من الغبار والشمس فاتهما[94] بغدانه وكلّما جفّ يسيرًا تقلبه[95] على الغاب[96] لئلّا يلصق فيه[97] فاذا جفّ اصقله فقد انتهى[98].

صفة[99] تَعْتِيق[100] آخر مثله[101]

يؤخذ التبن القديم الذى تاكله البهائم ينقع[102] فى الماء ثلاثة ايام او اكثر[103] من ذلك[104] ويغلى حتى يذهب نصفه[105] ويطرح فيه النشاء على العيار[106] المذكور[107] فى الصفة الاولى فانه يعتق ويأتى غاية[108] ٭

Lesevarianten.

1. In *Gb* loco الباب spatium relictum est scriptura vacuum. — 2. *Br* om. quae sequuntur usque ad finem tituli. — 3. In *L* praeced. وهو ان فاتا عمل الكاغد والورق. — 4. *Br* scr. العلفنت, — 5. *Br* om. الثانى — وهو النَيل =| المَجبل|: *L* addit المَجبل القنب corruptum puto; quod ex — 6. *L* تبله; *Br* loco verborum تبله وتبله فتنقض من قصبه habet: — 7. *Gb* سرجه — 8. Codd. pro العالي;*Br* om. الابيض العال — 9. *Gb* وتنقعه — 10. *L* يبدك — 11. *L* inser. ثانية; — 12. *L* loco verborum اجود ..... ثم تعركه habet كاول مرة تفعل ذلك ثلاثة مرار *Br* inser. المقبلة — 13. *Br* loco verb. اجود يكون مرتين كلّ ليلة الجبير ماء تبدل كان وان اختيارك نحب او اكثر — 14. *Br* loco verb. من ذلك..... ثلاثة habet: ايام وسبعة ايام ارخصة ذلك فى افعل — 15. *Gb* تناها — 16. *Gb* فاقرضه ; *Br* قطعته — 17. *L* inser. [l. قرضًا] اوريخ كان اروح مرتين — 18. *Ga* et *Gb* نقعه — 19. *L* اياما — 20. *Br* pro ايضا scr. و — 21. *Br* pro جرن — صغيرًا — 22. *L* om. ندى — 23. *Br* om. طرى — 24. Codd. *Ga* et *Gb* كأن ; scr. الهاون — 25. *L* بقى — 26. *Br* om. اليبس و — 27. *Gb* وتاخذ; *L* قتاخذ — 28. *Ga*, *Gb* et *L* اندق — فحنلك; *Br* loco verborum فتاخذ ما تاخر scr. اخذت له ماء آخر — 29. *L* فتجنلك ; تاخر — 30. *L* et *Br* (sine punctis) الحريرة — 31. *L* يكونو معمولين — 32. *L* يكونو — 33. *L* pro فى scr. من — 34. *Ga* et *Gb* نحت ; *L* pro نحت scr. على ما تريد — 35. *Br* loco verborum الورق.....مثل الـلّ Probabiliter leg. مثل النيل وهو المعمار habet tantum:

36. *L* pro مَفتوحةً scr. تكون مفتوحين — 37. *Br* pro الى scr. وتضرب اليها —
38. *Br* om. الجبل — 39. *Br* loco verb. تضربه habet بيدك — 40. Pro seqq. usque
ad finem huius paragraphi *Br* haec offert: ثم تعرفه[32] بيدك وتطرحه فى القالب وتعدله بيدك لئلا
يكون نخينًا فى موضع ورقيقًا فى موضع فاذا استوى وصغى[33] ماه[!] قمته منصوبًا بقالبه فاذا اتيت على ما تريد منه
نفضته على لوح ثم اخذته بيدك والصقته على حـائط مرخ[34] ثم عدَّله بيدك واتركه حتى يجفّ وبسقط ثم خذ له
الدقيق [البـارد حتى لابقى فيه نخن ثم يغلى[35]] هو والنشاء فى الماء البارد حتى لابقى فيه نخن ثم يغلى ماءً[36] حتى
يغور فاذا فار صبته على ذلك الدقيق وحركه حتى[37] يبكن ويبرق[38] ثم تعمد الى الورق فتظليها بيدك ثم انك تلفها[39]
على قصبة فاذا طلبت جميع الورق وجفّت طلبتها من الوجه الاخر ورددته (و sic, cum) على لوح ورششت
فيه اى scr. فى الماء — 41. *L* pro عليه الماء ونشاء رقيقًا ثم تجمعد وترمه[40] وتصقله كما تصقل الثوب إن شاء الله
خفيف — 42. *L* تاوبه — 43. *Ga* et *Gb* om. القالب; *L* pro وجه scr. القالب — 44. *L* المعمول
— 45. *L* addit و يجفّ — 46. *L* بلنف — 47. *Ga* et *Gb* الصفين — 48. *Gb* om. حتى
— 49. *L* يبرق — 50. Leg. وآطله — 51. Leg. اطل — 52. *Gb* تحفقه — 53. *Gb* om., sed
spatium scriptura vacuum relinquit; *Br* loco صفة habet صنعة — 54. *L* pro علاج scr.
تنشية — 55. *L* مجلية تنجرة — 56. *L* الصدا — 57. Leg. صافٍ — 58. *Ga* et *Gb* om., hic
addendum est c. *L* — 59. *L* فيتجبد — 60. *L* يقشر — 61. *L* pro الرهف scr. الرهيف القطر.
Paragraphus exponitur apud *Br*: ولا (Cod. s. p.) اطبخ ارزا شديد الياض فى برنية او طنجير مجلى
يكون فى البرنية دسم واغـله ثم صفّ ماء الارز بمنخل او خرقة تكـكون نظيفة[41] ثم ابسطه على ثوب نظيف
خرجته — 62. *L* الردة — 63. *L* الذى — 64. *L* طبحت — 65. *L* المكررة -- 66. *L* حتى يجفّ
67. Leg. ادْل; *Gb* ادلا -- 68. Paragr. exponitur apud *Br*: ومن الناس من يطبخ النخالة وباخذ
ومنهم من ينقع. Paragr. ap. *Br*: نبهنا — 70. *L* الكثيرة — 69. *Ga*, *Gb* et *L* ماءها وببقى به
Br scr. صنعة كما وببقيه بالماء بعد ان يغله نشاء وببقيه الكثيراء — 71. *Gb* om. صفة, c. lac.;
فيهـا — 73. In *Br* praecedit على مـا جربته يوخذ الخ *L* 74. — 75. *L* طنجرة — 72. *Ga*, *Gb* et *L* pro تعليق habent تعليق; *Ge* in cap. tit. تعتيقه; *Br* scr. تعتيقه —
79. *L* فاكثر; *Br* scr. وزايد اصبعين مقدار تجعل ثم *Br* 80. — بقد *Gb* 81. — *Gb* praec. تلو, 76. *Br* om. صافٍ; leg. صافٍ — 77. *Br* pro يجعل scr. ويجعل -- 78. *Br* add. غليات

---

[32] Lego تَعرفه — [33] Lego ضغى — [34] Lego مرخ — [35] Ortum est ex dittographia voce. seqq., inser.
لفّ ضدّ) تلصقها — [36] Lego ماء — [37] Inser. متترجًا ثم اصبر حتى — [38] Lego يبروق — [39] Lego فتبرس
وتدلى الورق فى ذلك النشاء المصفى — [40] Lego ترمه — [41] Addidi: (نشر) -- [40] Lego ترمه

ex repetitione syllab. — 83. *Br* loco verb. طبق فى ... تلونه habet: شدة تلاونه او صفايد وتصب
مند فى طشت — 84. *L* رقيقا; *Br* pro رفيقا scr. خفيفا برقى — 85. *Br* لثلا — 86. *Br* pro
قصب فارسى scr. خيط قنب رقيق — 87. *L* مفسح — 88. *Gb* بعضه عن بعض — 89. *L* يلزق -
وبكون 90. *L* بعضد — 91. Codd. فدوب; *L* فيزوب — 92. *Br* om. a مفسح usque ad verb.
— على الوجه الاخر — 93. *L* تحتفظ — 94. *L* فانها — 95. *L* تقله — 96. *L* add. نشره
97. *L* add. اى فى الغاب — 98. *Br* loco verb. فقد انتهى ... ويحفظ habet: واياك ان تصيبه
— الشمس فيفد وينفد فى كل ساعة بالتقليب لثلا يلتصق فاذا جف صقل على الطبل[42] بصاقل الزجاج
99. *Gb* om. صفة, c. lac. — 100. *Ga, Gb* et *L* تعلتق — 101. *Br* habet tit. اخرى — صفة
102. *Br* loco verb. ينفع ... التين habet tantum: التبن[43] القديم فينفع — 103. *L* فاكثر — 104. *L*
om. من ذلك — 105. *Br* pro نصفه scr. نصف الماء مند — 106. *Gb* الغبار — 107. *L* المذكور --
108. *Br* loco verb. غاية ... فانه habet: حنا عتيقا يجى سوى الاول العمل مثل وتعمل .

III. Ueberſetzung des Textes und der wichtigeren Varianten.

XI. Capitel. Ueber die Bereitung des Papierſtoffes, der Papierblätter und ihre Tränkung,
ſowie über das Coloriren und Verzieren der Schriftzüge.

I.

1. Nimm[44] den Hanfſtrick der ausgezeichneten weiſsen ſyriſchen Qualität,[45] löſe ſeine
Drehung und ſeine Strähne, kämme ſie mit dem Kamm, bis ſie (wie das Haar herab-
fließend) weich werden. Nimm weiters Kalkmilch von gebranntem weiſsem Kalk beſter
Qualität und macerire dann darin die Hanffaſern eine Nacht hindurch bis zum Morgen.
Darauf knete die Maſſe mit deinen beiden Händen und breite ſie einen ganzen Tag in
der Sonne aus, damit ſie trockne. Sodann bringe die Maſſe wieder in die Kalkmilch
zurück, doch nicht in die erſte, ſondern in friſche, eine[46] Nacht hindurch bis zum Morgen.[47]
Darauf unterziehe ſie wieder einer Knetung mit deiner Hand, wie zum erſten Male und
breite ſie durch drei Tage oder noch länger in der Sonne aus.[48] Wird die Kalkmilch
täglich[49] gewechſelt, ſo wird die Maſſe um ſo ausgezeichneter.[50]

---

[42] Lego الطبل .

[43] Ut vid., pro التبن.

[44] Cod. *L* ſchickt voraus: „Was die Fabrikation des Kâghid, d. h. des Papieres betrifft, ſo geſchieht ſie
in folgender Weiſe:"

[45] Cod. *Br* läſst die nähere Bezeichnung „ſyriſch" aus.

[46] *Br* fügt hiezu: „nächſte".

[47] *L* ſchreibt: „eine zweite Nacht hindurch bis zum Morgen, wie zum erſten Male. So mache es dreimal
oder öfter, je nach deinem Gutdünken."

[48] *Br*: „und breite ſie in der Sonne aus; mache es damit ſo drei Tage oder fünf Tage oder ſieben Tage hindurch."

[49] Statt „täglich" ſchreibt *Br*: „zweimal" ſc. täglich".

[50] *L*: „und wenn die Kalkmilch jede Nacht in der Maſſe zweimal gewechſelt wird, wird dieſelbe um ſo
ausgezeichneter" (*Br*: „um ſo zarter und dünner".

Sobald nun die Weifse (Bleiche) der Maffe vollendet ift, zerkleinere fie mit der Scheere, dann löfe fie in gutem Süfswaffer, welches gleichfalls täglich gewechfelt werden foll, fieben Tage hindurch auf. Wenn nun von ihr die Kalkbeftandtheile gewichen find, zerftofse fie in einem fteinernen Mörfer, wobei fie aber ftets feucht und frifch gehalten wird. Wenn diefe Maffe nun entfprechend weich und zart geworden, und darin nicht die geringfte Austrocknung und Bindung übrig geblieben ift; fo nimm ein anderes Waffer in einem reinen Gefäfs und löfe fie darin auf, bis dafs fie fo (fein) wie die Seide wird.

Jetzt gebrauche behufs weiterer Procedur die Schöpfformen, in Dimenfionen je nach deinem Bedarf. Sie find aus Samâr-Rohrfchilf verfertigt und zwar in Bezug auf das Geflecht nach Art der Fifchreufe. Ihre Breite und Länge wechfeln nach Mafsgabe des von dir gewünfchten Blattformats; an den Wänden find fie offen.

Nimm alfo den aus jenem Hanfftrick zubereiteten Stoff, fchlage ihn in einer grofsen Schöpfbütte heftig fo lange, bis er gut durcheinander gemifcht ift und tauche jene Form in den flüfsigen Brei, bewege ihn (vor- und rückwärts) hin und her, und bringe ihn mit deiner Hand auf der Schöpfform in ein gleiches Niveau, damit er nicht an einer Stelle dick und an einer anderen dünn werde. Sobald du die zu fchöpfende Maffe alfo richtig getroffen, lafs' fie auf ihrer Form fo lange ruhen, bis fie in der Dicke fchliefslich fo weit gelangt, als du wünfcheft. Dann kautfche das, was auf dem Schöpfrahmen ift, auf ein Brett und hefte es von da auf eine reine glatte Wandfläche, lafs' es daran (kleben), bis es trocknet und abfällt.[51]

2. Jetzt nimm die befte Gattung des feinften und weifseften Mehles und Weizenftärke, beide gereinigt, erweiche und zerquetfche das Mehl und die Weizenftärke (gefondert) in kaltem Waffer, bis nichts Ungleiches mehr darin bleibt. Sodann fiede ein Waffer, bis es fchäumend aufwallt. Wie es nun aufwallt, giefs' es über jenes Mehl und jene Weizenftärke, rühre beide um, bis fie vollkommen gemifcht find. Darnach warte, bis das Waffer zur Ruhe kommt und fich klärt.[52]

Nimm jetzt jenes Blatt (Papier) und reibe es (mit diefer Mifchung) an einer Seite mit deiner Hand ein und breite es über einen Stab aus perfifchem Schilfrohr aus; ift es getrocknet, fo reibe wie zum erften Male, die andere Seite ein und trockne das Blatt neuerdings. Sodann bringe es auf eine Tafel zurück und befprenge es mit dem Abfud recht fein, eine Seite nach der andern, wobei du Sorge tragen mögeft, dafs es gut aus-

---

[51] *Br*: „Alfo nimm fie (die Schöpfrahmen) und fchlage jenen Hanf heftig fo lange, bis er gut durcheinander gemifcht ift. Darauf fchöpfe ihn (den Hanfbrei) mit deiner Hand und lege ihn auf den Rahmen, mache ihn mit deiner Hand gleich, damit nicht eine Stelle dick und eine andere dünn fei. Sobald das gleiche Niveau des Breies hergeftellt und fein Waffer übergefloffen ift, lafs ihn auf feiner Form ruhen. Wenn er nun (in der Feftigkeit) foweit gekommen ift, als du wünfcheft, fchüttle ihn ab auf ein Brett. Darauf nimmft du ihn mit deiner Hand und hefteft ihn auf eine weiche geglättete Wandfläche. Dann ftreife ihn mit deiner Hand gleichmäfsig aus und lafs ihn (daran haften) bis er trocknet und abfällt.'

[52] *Br*: „Sodann nimm für ihn das Mehl und erweiche und zerquetfche es und die Weizenftärke in kaltem Waffer, bis keine Dicke und Härte darin bleibt. Darauf fiedeft du ein Waffer, bis es fchäumend aufwallt. Wie es nun aufwallt, giefs es über jenes Mehl, rühre es um, bis [beide (das Mehl und die Weizenftärke)] vollkommen gemifcht find. Darnach warte, bis das Waffer] zur Ruhe kommt und fich klärt.'

trockne. Erſt wenn nach dieſer Procedur die Trockenheit des Blattes dich befriedigt, gehe daran es zu glätten.⁵³

II.

Beſchreibung der Tränkung des Papiers, welche jetzt in der Kunſtſprache der Menſchen 'Ilâdſch (d. h. die ‚Behandlung') genannt wird.⁵⁴

1. Nimm den Reis, koche ihn in einem Keſſel, der blank von Roſt iſt, mit gutem reinem Süſswaſſer ſo lange, bis ſeine Stärke vollſtändig heraustritt, ſeihe es durch einen reinen Lacken und führe das Papierblatt in jene durchgeſeihte Stärkelöſung hinein und breite es über das perſiſche Schilfrohr aus. Sobald es getrocknet iſt, glätte es.⁵⁵

Jenes Waſſer nun, in welchem der Reis gekocht wird, darf nicht zu viel ſein, weil die Stärke zu dünn wird; es darf aber auch nicht zu wenig ſein, weil ſie dann allzu dicht wird, ſich am Papierblatte verkörpert und ſich abſchuppt. Sie muſs vielmehr in einem zur Conſiſtenz dienenden mittleren Zuſtand der Dünnheit ſein.

2. Es gibt auch einige Menſchen, welche die ſogenannten ‚Abfälle' kochen, d. h. die feine Weizenkleie, in welcher ſich noch eine Spur des Mehles befindet. Was aber die Kleie (vorwiegend) von Hülſen betrifft, ſo iſt in ihr keine beſondere Kraft. Wenn nun die erwähnten Abfälle gekocht werden und ihre Kraft herausgetreten iſt, ſo wie früher beſchrieben wurde, führe das Papierblatt nach der vorher angegebenen Weiſe in ſie hinein.⁵⁶

3. Andere wieder löſen in Waſſer Ketira auf und kochen es, bis es conſiſtent wird, nach der vorhin beſchriebenen Weiſe und tränken damit das Papier nach der früher angegebenen Manier.⁵⁷

III.

Beſchreibung der Antikiſirung des Papieres.

1. Man nimmt einen kupfernen Keſſel, gieſst in denſelben zehn Pfund gutes reines Süſswaſſer, ſetzt ihn aufs Feuer und wirft ausgezeichnete reine Weizenſtärke hinein und kocht das Waſſer um das Quantum von zwei Karat und mehr⁵⁸ ein, gibt ſodann ein wenig Safran hinein, nach Maſsgabe deſſen, was davon zur Färbung der Flüſsigkeit benöthigt

---

⁵³ *Br*: ‚Nimm jetzt die Papierblätter und reibe ſie mit deiner Hand ein, worauf du ſie in Ordnung auf Rohrſtäben übereinander ſchichteſt. Sobald du ſämmtliche Blätter eingerieben haſt und ihre Einreibung auch von der anderen Seite getrocknet iſt, ſo lege ſie auf ein Brett zurück und beſprenge ſie mit dem Waſſer und der Weizenſtärke recht ſein, ſammle ſie darnach, ſchnüre ſie feſt zuſammen und glätte ſie, wie du das Zeug glätteſt, ſo Gott will!'

⁵⁴ Cod. *L* gebraucht ſtatt des term. techn. *'Ilâdſch* die Bezeichnung *Tânſchi'e* ‚das Stärken' (mit Stärke).

⁵⁵ *Br*: ‚Koche ſehr weiſsen Reis in einem Topf oder blanken Keſſel — auch der Topf ſei frei von Fettſchmutz, waſche ihn rein! — darauf durchſeihe dieſes Reiswaſſer mittelſt eines Seihers oder eines Lacken, der rein iſt [und führe das Papierblatt in jene durchgeſeihte Stärkelöſung hinein]. Darauf breite es auf einem reinen Stoff aus, bis es trocknet.'

⁵⁶ Dieſer Paragraph iſt im Cod. *Br* kurz gefaſst: ‚Es gibt auch einige Menſchen, welche die Kleie kochen, ihr Waſſer nehmen und damit das Papier tränken.'

⁵⁷ Im Cod. *Br*: ‚Andere wieder gibt es, welche Ketira in Waſſer auflöſen und demſelben Weizenſtärke zuſetzen, und zwar nachdem dieſelbe mit Waſſer gewaſchen wurde, und ſodann damit das Papier in der beſchriebenen Weiſe tränken.'

⁵⁸ *Br*: ‚von zwei Fingern und mehr'.

wird. Dann wird (ein Quantum) davon in ein weites Gefäfs⁵⁹ gegoffen und das Papier forgfam darin eingetaucht, damit es nicht zerfällt. Sodann wird ein Blatt nach dem andern auf dazwifchen gelegten Stäben aus perfifchem Schilfrohr ausgebreitet,⁶⁰ damit nicht etwa die Enden des einen an die Enden des andern Papierblattes ankleben, indem fie fich fonft auflöfen und verfchmelzen. Die Ausbreitung gefchehe im Dunkel und man fchütze das Papier vor Staub und Sonne; denn fie beide verderben es. So oft das Papier ein wenig getrocknet ift, wende es auf dem Rohre⁶¹ um, damit es nicht daran⁶² kleben bleibt. Wenn es (völlig) getrocknet ift, glätte es und dann ift das Papier fertig.⁶³

2. Befchreibung einer anderen ähnlichen Antikifirung:

Man nimmt alte Feigen, welche das Vieh frifst, löft fie drei Tage oder noch länger in Waffer auf, kocht dasfelbe bis zur Hälfte ein und fchüttet in diefe Flüfsigkeit Weizenftärke von dem in der erften Befchreibung angegebenen reinen Gehalt. Fürwahr, fo wird das Papier (dem Anfehen nach) alt gemacht und kommt zur Vollendung.⁶⁴

IV. Commentar.

1. Das Papiermaterial und deffen erfte Vorbereitung. Die hier gegebene Vorfchrift zur Fabrication des Papiers betrifft nur eine Gattung desfelben: das Hanfpapier, d. h. den Schreibftoff, welcher aus den in künftlichen Producten bereits ausgenützten Hauffafern (Baftfafern von *Cannabis sativa* L.) erzeugt wurde. Ueber diefen Papierftoff und feine Herftellung hatte ich in diefen Mittheilungen, II./III., 128 f. Einiges fchon zu berichten vermocht. Auch jetzt erweift fich die Annahme wiederum als richtig, dafs, von den Hadernfurrogaten etwa abgefehen, die Verwendung der Rohfafern (Hanf, Baumwolle, Flachs) von der Papierfabrication ausgefchloffen war. Daher durfte in der vorliegenden Quelle über die rohe Baumwolle, welche bisher allgemein für das ältefte und ausfchliefsliche Material zur Erzeugung der fogenannten Bombycin- oder angeblichen 'Baumwollen'-Papiere angefehen wurde, eine Andeutung nicht erwartet werden.

Wenn unfer Werk jedoch paradigmatifch das Hanfpapier, fpeciell den aus Hanfftricken zubereiteten Papierftoff behandelt und hiebei von der zweiten Hauptgattung, dem Leinenpapier (Mitth. l. c. 129) abficht, fo möchte dies eher aus den zum Schlufs des erften Abfchnittes berührten localen Verhältniffen, denn aus technologifchen Gründen fich erklären laffen. Mag unfer Text in Nordafrika, in Aegypten oder in Syrien entftanden fein: die Küften diefer Länder können im XI. und XII. Jahrhundert gleicherweife für die 'Staffeln' ihrer maritimen Beziehungen, wie des Schi'itismus angefehen werden.⁶⁵

---

⁵⁹ *Br*: 'Becken, Wanne'.
⁶⁰ *Br*: 'auf dünnen Hanffchnüren aufgehängt'.
⁶¹ *L* fügt hinzu: 'auf die andere Seite.'
⁶² *L* mit dem Zufatz: 'd. h. an dem Rohre'.
⁶³ *Br*: 'Und hüte dich! Wenn die Sonne es trifft, fo wird es verdorben; es ift auch Stunde für Stunde mittelft Umwendens zu unterfuchen, damit es nicht anklebe. Sobald es getrocknet ift, glätte es auf einer Tafel mit den gläfernen Polierfteinen'.
⁶⁴ *Br*: 'es kommt fchön alt zu Stande'.
⁶⁵ Sefer nâmè-i Nâṣir-i Chosrau, ed. SCHEFER, 12 (perf. Text).

Wenn Movers'[66] Behauptung, dafs Hanf zu Schiffsfeilen und Segeln in der ausgezeichnetften Güte in Phönizien gezogen wurde, von Hehn[67] mit Recht als haltlos abgewehrt wird, da die Phönizier den Hanf nicht kannten und auch das Alte Teftament feiner nirgends erwähnt; fo finden wir, für unfere jüngeren Zeiten, den Hanf in Syrien und Paläftina, wie auch in Aegypten und Nordafrika zum Theil angebaut, an allen Orten aber ausgiebig verwerthet. Die Verfrachtung orientalifcher Hanferzeugniffe jeder Art in den arabifchen Mittelmeerhäfen war fehr bedeutend. Schon im X. Jahrhundert fand die Bevölkerung von Chûziftân (Sufiane) mit den in 'Asker Mukram verfertigten ثياب القنب ‚hänfenen Kleidern', fowie mit den المناديل = *mandilia* [*mantilia*] *sive manils*,[68] Handtüchern und anderen Hanfftoffen gewinnreichen Abfatz.[69] Insbefondere erlangten die hänfenen Jacken, lofe und dicht gewebte Sack- und Packleinwanden, Decken, Segeltücher (engl. *canvass*), Taue und Hanfgarne, welche Textilfabricate der Orient billigft in vorzüglicher Qualität zu liefern vermochte, auch nach Weften hin eine weite Verbreitung. Um nur einige Beifpiele anzuführen, erhob, nach dem Liber commemorialis, l. c. I, fol. 273 r König Leo IV. von Armenien im Juni 1304 an die Venetianer Schadenerfatzanfprüche infolge Wegnahme einer Galeere feiner Unterthanen. In der Reclamationslifte der von den Venetianern bei diefer Gelegenheit erbeuteten Waaren finden fich unter Angabe der Werthe: ‚*fraxetti tres de caneuala* [l. *caneuaza*], *deremi quadraginta et quinque*' — ‚*item curaze quinque de canauaza, deremi centum quinquaginta*'; fol. 274 a: ‚*item saccus unus de caneuaza uacuus, deremi duo — item sachi quatuor de caneuaza, deremi quatuor*'.[70] Ferner lieft man, l. c. III, fol. 230 a, ann. 1331: ‚*Item è de nostra rason de caneuaza, che gera entorno li nostri sourascritti drappi, che io uendi à la nostra rason per ensacar la gala.*' Im Jahre 1351, l. c. VI, fol. 31 a, erbeuteten venetianifche Galeeren bei Negroponte in gekaperten genuefifchen Schiffen: ‚*filli canapis faxij* (Hanfgarnbündel) *triginta quattuor, que ponderabant cantara octuaginta rotolos nonaginta tres*'; fol. 32 r: ‚*item ballam unam canabatiorum*' u. f. w.

Was nun fpeciell Syrien betrifft, fo war nach Muḳaddafi, 985/6 Chr., Jerufalem der Ort, welcher die الحبال, Taue oder Stricke ausgezeichnetfter Güte für den Export lieferte.[71] Hierauf bezieht fich offenbar die Vorfchrift über den Papierftoff in der einen Recenfion unferer Quelle.

Selbftverftändlich waren die in die Papierfabriken zu liefernden Seilerwaaren nicht frifche, fondern gebrauchte, alfo den abgenützten Gewebehadern entfprechend, was ausdrücklich erwähnt wird (Mitth. l. c. 128 f.). Dahin ift auch die weiters befchriebene Procedur in der Vorbereitung diefes Papierftoffes zu deuten. Wie bei der Sortirung und Herrichtung der Hadern bekanntlich mit der gröfsten Sorgfalt vorgegangen werden mufs,

---

[66] Phönizier, 2, 3, 157.
[67] Culturpflanzen und Hausthiere, 3. Aufl., 168, 524.
[68] Liber commemorialis, tom. VI, fol. 236 r, ann. 1351 (k. k. Haus-, Hof- und Staatsarchiv in Wien).
[69] Muḳaddafi, Kitâb ahfan et-taḳâfîm, ed. de Goeje, 416.
[70] *Caneuaza*, ein mehr oder weniger grober und grofslöcheriger Stoff, gewöhnlich aus Hanfgarn, woher der Name; aber auch als Baumwoll-Stramin (heute Kannevas) bekannt: ‚*item sachus unus de caneuaza de cotono, deremi sex*', Lib. commem. l. c. I, fol. 274 a.
[71] Kitâb ahfân et-taḳafîm, ed. de Goeje, 180.

wie insbesondere Schnure, Borden, Knöpfe u. dergl. entfernt, die schwer zu zermalmenden Zwirnfaden befeitigt, Nähte und Säume aufgetrennt oder weggefchnitten werden müffen; ebenfo mufste man bedacht fein, von den alten abgenützten Tauen vorerft alle fremdartigen Körper, namentlich den ihnen anhaftenden Unrath, wie Stroh, Erdtheilchen etc. zu entfernen. Dies gefchah durch die Auflöfung der Drehungen der Strähne und forgfältiges Auskämmen derfelben mit dem Kamm, المشط el-mifcht, womit die erfte Zurichtung des Materials für die folgenden Hauptoperationen vollendet ward.

2. Das Wafchen und Bleichen der Hanffafern. Hierüber ift wenig zur Erklärung unferes Textes beizubringen. Wenn diefer als erften Theil der Hauptoperationen das Wafchen oder Laugen (*lavage*) mit gleichzeitig verbundener Macerirung, نقع *nak'*, vorfchreibt, fo erkennen wir hierin eben auch ein heute noch als zweckmäfsig befundenes und geübtes Verfahren, indem diefe Procedur fowohl, wie die darauffolgende Bleiche fehr oft vor der Zerkleinerung zu Halbzeug gefchieht. Kalkmilch (ohne Pottafche oder Soda) dient als ftarke alkalifche Lauge gegenwärtig noch dazu, auf die gröbften Subftanzen (Lumpen, Stricke) dermafsen entfärbend und erweichend zu wirken, dafs ihre nachfolgende Bleiche und Vermahlung fchneller und feiner vor fich gehen kann. Auch in unferer Vorlage wird in gleicher Weife als Lauge die Kalkmilch, ماء الجير *mâ' el-dfchir*, vom Hydrat des gebrannten Kalkes, الجير *el-dfchir*, und des weiteren angeordnet, dafs die fo erweichte Maffe beim Herausnehmen — wie man es heute noch thut — mit den Händen geknetet oder ausgedrückt werden foll. Die in unferem Werke angegebenen Wiederholungen diefes Verfahrens, für welche die Textrecenfionen je nach der verfchiedenen Befchaffenheit der Materialien eine erfahrungsgemäfs bewährte Dauer fixiren, entfpricht aber ganz der heutigen Procedur des Kochens des Papiermaterials mit der alkalifchen Flüffigkeit, indem dasfelbe zwei-, drei-, fogar viermal mit frifcher Lauge wiederholt werden mufs: grobes, farbiges Material pflegt man auf folche Weife in Kalkmilch viermal drei Stunden zu kochen. Der zwifchen das Laugen fallende Vorgang ift die Herftellung der Weifse, الباض *el-bajâdh*, oder das Bleichen, التبيض *et-tabjîdh*, was, wie fchon bemerkt, infolge eben jenes Wafchens in alkalifcher Flüffigkeit erleichternd vorbereitet wird. Dafs hiezu, wie ich in diefen Mittheilungen II und III, 146 f., vermuthungsweife bereits angedeutet, die Rafenbleiche, an deren Stelle jetzt die Chlorbleiche getreten ift, gedient habe, kann nun für ausgemacht gelten. Taue und Stricke, zu Papierftoff hergerichtet, bleicht man aber auch gegenwärtig noch, wenn daraus ganz weifses Schreibpapier dargeftellt werden foll. So fehen wir in der That das in der modernen Papierfabrication fich bewährende Laugen oder Kochen (Mitth. II und III, 129), welches das früher übliche, auch von den Chinefen bei der Bereitung ihres Bambuspapiers angewandte, irrationelle Faulen verdrängt, genau vor 800 Jahren fchon durch die Araber prakticirt.

3. Das Zerfchneiden und Schwemmen des Hanfmaterials. Behufs Einleitung der ftufenweifen Zerkleinerung des aus Tauen und Stricken herzuftellenden Papiermaterials zerfchnitt man die nunmehr mürbe gemachten und gebleichten Hanffafern, wie die Lumpen, mit der Scheere, المقراض *el-mikrâdh*, in kleine Stücke (heute von etwa 25 Millimeter Länge) und brachte fie darauf nach Vorfchrift in die Schwemme (jetzt in den ‚Wafchholländer'), um fie von den an den Fafern haftenden Kalkbeftandtheilen zu reinigen. Dies war die Einleitung zur Umwandlung des Faferwerks in Halbzeug.

4. **Die Darstellung des Halbzeuges.** Ueber die zu diesem fortgesetzten Zerkleinerungsverfahren von den Arabern gebrauchten maschinellen Einrichtungen habe ich l. c. 136 f. eingehender gesprochen: es sind die Papierstampfen und Papiermühlen. Hier ist nur von der ersten Art, dem Stampfgeschirr, die Rede. Der Apparat hiezu bestand aus einem steinernen Mörser, جرن حجر *dschurn hâdschar* oder هاون *hâwun*,[72] vulgär هون *haun*,[73] in welchem mittelst hölzernen Stöfsels (Mitth. l. c. 136) das mit einem entsprechenden Quantum Wasser gemengte Material zu einem dickflüssigen Brei zerstampft wurde. Die Vorschrift, dafs die Masse ‚aber stets feucht und frisch gehalten' werden möge, hat ihren, übrigens noch heute bei dem Verfahren mittelst Hammergeschirres geltenden Doppelgrund: die flüssige Gestalt der Masse ermöglichte einerseits alle ihre Theile gleichmäfsig unter den Stöfsel gelangen zu lassen; anderseits liefs sie das mit etwaigen, aus den inneren Fasertheilen noch abgesonderten Unreinigkeiten beladene Schmutzwasser aus den versiebten Stampflöchern langsam abfliefsen, indefs man nach Erfordernifs frisches reines Wasser zuleitete. Es ist begreiflich, dafs die Bearbeitung des Rohmaterials im Stampfgeschirre, je nach seiner Beschaffenheit, eine verschiedene Dauer beanspruchte, bis es ordentlich zu Halbzeug zerkleinert ward. Das Verfahren war umständlich, erforderte ein bedeutendes Arbeitsquantum zur Bewegung des Stöfsels und wies gegenüber der Vermahlung den Nachtheil auf, dafs das Zeug bei ersterer Procedur mehr langfaserig als bei der letzteren ausfiel, was WIESNER, Mitth. II und III, 233, sehr scharfsinnig schon erkannt hat. Wenn demnach infolge Aufserachtlassung der nöthigen Obsorge des Arbeiters die zermalmende Einwirkung der Stampfe auf das Rohmaterial ungenügend blieb, oder der Zustand der Masse auf die Fertigkeit des Halbzeuges unachtsam geprüft wurde, so konnte es geschehen, dafs die Masse zu langfaserig blieb, dafs unzertheilte gröfsere Flocken, ja sogar einzelne intacte Bastfasern, Garnfäden, Hanffchnüre und Gewebereste zurückblieben, welche dann die Güte des Productes beeinträchtigend, mehr oder weniger störend auf der Papieroberfläche sich fühlbar machten. Einige Beispiele dieser Art habe ich schon in diesen Mittheilungen l. c. 129, 138, namhaft gemacht. Von dem dort erwähnten Papier, Nr. 11044, das beiderseits derlei Vorkommnisse aufweist, habe ich nun auf Tafel III ein Stück der unbeschriebenen Rückseite in zweieinhalbfacher Vergröfserung mittelst farbigen Lichtdruckes reproduciren lassen. Dieses aus dem X. Jahrhundert n. Chr., also lange vor der vermeintlichen Aera des Lumpenpapiers datirende Blatt zeigt verschiedene, keineswegs künstlich herauspräparirte, sondern offen zu Tage liegende, mit freiem Auge wahrnehmbare Gewebereste: rechts unten von feinem, links gegen die Mitte von grobem Linnen. Aufserdem erblickt man zahlreiche, aus der Oberfläche mehr oder weniger herausragende Garnfäden, unter welchen das in der linken oberen Ecke sichtbare mächtige Stück selbst noch in seinen Drehungen intact sich erhalten hat. Ein argumentum ad hominem, auch für den Kurzsichtigsten.

---

[72] So in *Br*.
[73] Z. B. in *L*, fol. 10 a: هون كبير ‚ein grofser Mörser'; fol. 22 a: الهون الثقيل ‚der schwere Mörser'. So heifst auch jedes andere mörserähnliche, an einem Ende offene Gefäfs aus Metall, Glas etc., z. B. *L*, fol. 9 r: ثم تجعل الدخان فى الهون وان كان زجاجًا كان أجود ‚darauf thu' den Ofenrufs in den Mörser, und ist derselbe aus Glas, umso besser'. Vergl. auch DOZY, Suppl. II, 771.

5. Die Bereitung des Ganzzeuges. Sie geschah nach unserer Vorlage in einfacher Weise, unter der Voraussetzung, daſs die Umarbeitung des Stoffes zu Halbzeug denselben bei einer nahezu vollständigen Auflösung in einen weichen zarten Brei verwandelt habe. Zur Erreichung der letzteren Stufe führte eben die letzte Zerkleinerungsoperation, wobei das Halbzeug in ein Gefäſs, انا *inâ'*, als Ganzbütte abgelassen und darin mit Wasser verdünnt zum Ganzzeug oder Feinzeug, d. h. zu einem gleichförmigen milchartigen Brei aufgelöſt wurde, dessen vollendete Bearbeitung, الماء المعمول *el-mâ' el-ma'mûl*, Fäserchen in der Feinheit und Gleichheit der ausgekochten, degummirten Coconseide, حرير *harîr*,[74] erkennen lieſs. Dieses breiartige Ganzzeug, also den fertigen Papierstoff in flüssigem Zustande, nannte man, wie aus der Capitelüberschrift unserer Vorlage ersichtlich ist, auch الكاغد *el-kâghid*, wie das fertige Papier.

Der Papyrer.

Fig. 1.

6. Das Schöpfen. Die zum Schöpfen der Papierbogen erforderlichen Geräthe und Operationen sind:

a) Die Schöpfbütte. Das nach der vorhin beschriebenen Weise zubereitete Zeug wurde zunächst von der Ganzzeugbütte in eine groſse Schöpfbütte, قصرية كبيرة *kaṣrijje kebîre*, übergefüllt. Ibn el-Haschschâ[75] erklärt diesen technischen Ausdruck:

اجانة اسم للقصعة الكبيرة التي تغسل فيها الثياب وتسمى عندنا القصرية

,Iddschâne ist der Name für einen groſsen Trog, in welchem die Kleider gewaschen werden; bei uns wird derselbe el-kaṣrijje genannt'. Und bei Ibn Dschobair:[76]

وعلى جانب الطريق دكان مستطيل تصف عليه كيزان الماء ومراكن مملوءة للوضوء وهي القصارى الصغار

,zur Seite des Weges (in Mekka) befindet sich eine lange Bank, auf welcher der Reihe nach Wasserkrüge und zum Waschen gefüllte Becken, d. h. kleine Kaṣrijje aufgestellt sind'. Die arabische Schöpfbütte hatte demnach entweder die runde Bottichform oder die längliche Trogform. In beiden Fällen war sie gewiſs aus Holz und nicht aus Metall, denn der normale Durchmesser, respective die Länge wird, wie die Praxis des Schöpfens es heute noch erfordert, zwischen 1·65 und 2·3 Meter betragen haben. Diese Gestalt und Dimensionen ergeben sich daher auch aus den hier beigefügten Figuren 1 und 2. Das erste Bildchen aus Jost Amman's „Stände und Handwerker" vom Jahre 1568[77] zeigt die hölzerne Bottichform; die zweite, einem alten chinesischen Werke technologischen Inhalts

---

[74] Vergl. meine Schrift: Ueber einige Benennungen mittelalterlicher Gewebe. 1882, 22.

[75] Gloss. sur le Mancouri de Rhazès, Handschrift der Universitätsbibliothek zu Leyden, Nr. 331, bei Dozy, Suppl. II, 357.

[76] Rihle, ed. W. Wright, 110.

[77] Dessen Cliché der jüngste Herausgeber dieses Werkes, Herrn Georg Hirth's Kunstverlag in München, mir in der liebenswürdigsten Weise zur Verfügung gestellt hat.

entnommene Darſtellung [78] hat die, jedoch aus Backſteinen aufgemauerte, längliche Trogform. Da das in Geſtalt eines ſehr verdünnten milchartigen Breies in der Schöpfbütte
zur Verarbeitung kommende Ganzzeug vermöge ſeiner natürlichen Schwere zu Boden
ſtrebt, mufste man darauf bedacht ſein, es durch ſorgfältiges Umrühren zu vermiſchen,
wozu ein mehr oder minder kräftiger Stab (Fig. 1 und 2) diente, mittelſt welchem auch
aus gleichem Grunde das Papierzeug unmittelbar vor der Schöpfoperation umgerührt
oder geſchlagen werden mufste.

b) Die Formen oder Rahmen. Arabiſch: قالب *ḳâlib*, pl. قوالب *ḳawâlib*. Die
Schöpfform beſtimmte die Gröfse der Bogen, das Blattformat, تقطيع الورق *taḳṭi' el-
wâraḳ*. Sie beſtand aus dem eigentlichen hölzernen Formrahmen und einem Gitterwerk:
‚Geflecht', جج *nasdſch*, mit welchem erſterer beſpannt war. Letzteres wurde aus den
feinen geſchmeidigen Fibern des Samâr-Schilfes, السمار,[79] *Juncus acutus* Lamk. oder

Fig. 3. Fig. 2.

Juncus maritimus Forsk., wie es heifst ‚nach Art der Fiſchreuſe', سلّ *ſall*, hergeſtellt.
Es möchte dies ſo zu erklären ſein: das aus parallelen Bodendrähten beſtehende Gitter
wurde von anderen Baſtfaſern an Stelle der Feſtigkeit gewährenden Querſtege recht-
winkelig mittelſt nahtbildender Schlingung durchkreuzt, ſo die gerippte Form darſtellend;
bei der von mir an den erzherzoglichen Papieren beobachteten, unſerer Velinform ähnlichen
Drahtſiebform hingegen (Mitth. l. c. 139 f.) verbanden die dichter gereihten, recht-
winkelig über die parallelen Bodendrähte gehenden Baſtfaſern als Nähdrähte das Gitter
zum Siebe. Die Vorſchrift, dafs die Schöpfrahmen ‚an den Wänden offen' zu ſein hätten,
beſagt nur: es gehen an den ſchmalen Rändern derſelben weder Stege noch Wände
herum, damit das Blatt abgelegt werden könne. An den Bildern 1 bis 3 läfst ſich die
Geſtalt älterer chineſiſcher und deutſcher Schöpfrahmen deutlich erkennen; die arabiſchen
wichen davon gewifs nicht ab. Zu bemerken wäre ſchliefslich, dafs die in unſerem Werke
berichtete Herſtellung der Schöpfrahmen aus Baſtfaſern des Samâr-Schilfes keineswegs

---

[78] Sᴛ. Jᴜʟɪᴇɴ, Industries anciennes et modernes de l'empire chinois, Pl. IX.
[79] J. Lö́ᴡ, Aramäiſche Pflanzennamen, 341; Dozy, Suppl. I. 682.

eine Regel für den ganzen Umfang des islâmitifchen Weltreiches bedeutete. Im Gegentheil dürfte in diefer Beziehung das Sprüchwort: ‚andere Länder, andere Sitten' gegolten haben, wie ja auch die Chinefen und Japaner ihre aus Bambusſtäben gefertigten Schöpfrahmen mit verfchiedenem, die Querdrähte bildenden Materiale, nämlich Binfenhalmen, zarten, aus Bambusrohr gefpaltenen, mit Oel getränkten Stäbchen und rohen Seidenfäden befpannten.

c) Die Kautfchgeräthe: Büttenbrett, Filzzeug und Trockenwand. In diefen Punkten weicht die arabifche Vorfchrift etwas von der europäifchen Einrichtung des Schöpfverfahrens ab. Während hier das Büttenbrett lediglich nur zur Unterlage des Filzes dient, auf welchem der frifche Papierbogen abgelegt wird, fungiren dort beide Objecte als felbſtſtändige Kautfchgeräthe, indefs die Verwendung der Mauerwand als drittes Object im Abendlande unbekannt blieb. Um den an der Schöpfform befindlichen frifchen und zarten Papierbogen gefahrlos ablegen zu können, mufste das zur Hand des Kautfchers neben der Bütte rechts oder links ruhende Brett, لوح *lôḥ* — in China nach Fig. 3 eine Tifchplatte, vergl. auch Fig. 1 — eine künſtlich gerauhte Fläche (japanifche Art!) darbieten, zu welcher der Papierbogen eben mehr Adhäfion zeigte als zu dem Drahtgeflecht des Schöpfrahmens (Mitth. l. c. 140). Hiezu ift noch mehr der Papiermacherfilz geeignet, deffen man fich heute ausnahmslos zum Ablegen bedient. Wenn unfere Quelle nun diefen Stoff auch nicht gerade als Kautfchgeräth aufführt, fo weift eine fpäter befchriebene Procedur dennoch deutlich darauf hin, dafs man fich des Papiermacherfilzes zum Trocknen des frifchgeleimten Papierbogens fchon zu bedienen verftand, fiehe oben Anmerkung 55. Der dort gebrauchte allgemeine Ausdruck ثوب *tôb*, ‚Stoff, Zeug' widerfpricht dem nicht, denn der Papiermacherfilz ſtellt eben ein grobes, eigens zu diefem Zwecke verfertigtes Wollenzeug lockerer und fchwammiger Natur vor, das durch feine waffereinfaugende Kraft dem Papiere die überflüffige Feuchtigkeit zu entziehen hatte und fich alfo von dem äufserft feft zufammenhängenden wafferdichten Körper des gewöhnlichen Filzes, لبد *labad* oder لباد *lubbâd*, gegenfätzlich unterfcheidet. Entgegen der doppelten Leiftungsfähigkeit des Papierfilzes tritt daher nach Angabe unferes Textes, weil dem Büttenbrett jene waffereinfaugende Fähigkeit mangelte, ein fpecielles Trocknungsverfahren hinzu, und zwar nach altchinefifcher Manier an einer mit fehr glattem Gipsüberzug verfehenen, alfo zur Waffereinfaugung geeigneten Mauerwand, حائط *ḥâ'iṭ*: ‚Neben der Bütte ſteht ein aus Ziegeln aufgemauerter Ofen, welcher die Geſtalt einer glatten Wand hat. Seine Länge beträgt 12 bis 15, feine Höhe 6, feine Dicke 4½ Fufs, und die den Arbeitern zugekehrte Aufsenfeite desfelben ift mit Gips überzogen und äufserft geglättet. Züge heizen ihn'.[80] Es ift übrigens wahrfcheinlich, dafs die Araber neben diefem chinefifchen Verfahren, mittelft künſtlich erzeugter Wärme das Waffer verdunften und die Bogen abfallen zu machen, einfacher die Mauerfläche durch die Sonne erhitzen und diefelbe das weitere prakticiren liefsen. Die Anwendung diefer Geräthe und Einrichtungen erhellt aus dem Folgenden.

d) Die Arbeiten des Schöpfens und Kautfchens. Es ift nicht unbedingt erforderlich, anzunehmen, dafs, wie die Bilder, Fig. 2 und 3, zeigen, mit der Arbeit an einer Bütte zwei Perfonen als Schöpfer und Kautfcher befchäftigt waren. Unfere

---

[80] G. M. S. Fischer in Ersch und Gruber's Allgemeiner Encyklopädie etc., 3. Sect., XI. Theil, 105.

Quelle theilt diese Arbeiten (wie bei Fig. 1) einer Person zu. Dieselbe taucht nach der zum Schlusse des Absatzes *a* beschriebenen Vorbereitung die Form, welche sie an den schmalen Seiten mit beiden Händen anfasst, schräg in den flüssigen Brei unter, hebt sie vollgeschöpft in wagrechter Lage wieder heraus und schüttelt sie gelinde durch eine Vor- und Rückwärtsbewegung, nicht allein um den Durchlauf des Wassers durch die Drahtform zu beschleunigen, sondern auch, damit die zurückbleibende weiche Masse gleichmäfsig sich ausbreite. So ist unser Text zu verstehen. Wenn eine andere, nämlich die von mir vermuthete ältere Recension desselben, Anmerkung 51, den Hanfbrei aus der Bütte mit der Hand herauszuschöpfen, von da auf die Form zu legen und mit der Hand gleichzumachen vorschreibt, so könnte ich mir diese, etwa zur Herstellung grobsortigen Papiers dienliche, sehr unvollkommene Procedur überhaupt nur dann als durchführbar erklären, wenn man den Brei mittelst eines Streichholzes auf die Gleiche gebracht hat. Es ist klar: diese Methode des ‚Schöpfens' setzt eine Form mit dichtwandigem Boden voraus, ohne Drahtgeflecht; daher konnte das durch die gewaltsame Nivellirung des Breies herausgepresste Wasser, wie es dort heifst, überfliefsen (ضَ), was sonft ein Ding der Unmöglichkeit gewesen wäre. Ein ebenso unmögliches Beginnen wäre es gewesen, von einer vollgeschöpften und solcherart ‚gestrichenen' Drahtform die zarte, durch den leisesten mechanischen Druck die schmalen Oeffnungen des Gitters sofort verstopfende Papiermasse als Bogen vollständig ablösen zu wollen. Eine ähnliche Praxis nun habe ich nirgends beschrieben gefunden. Sie deutet eben auf die urfprüngliche, des Kunstgriffes des Papierers noch entbehrende Einrichtung: auf die älteste Art, Schreibpapier auf der Form zu schöpfen. Unter den frühesten Papieren der erzherzoglichen Sammlung aus dem VIII. bis X. Jahrhundert gibt es ihrer genug, welche, ob zweigesichtig oder nicht (Mitth. l. c. 141), durchaus keine Spur der Drahtform erkennen lassen, daher auf jene älteste Schöpfmethode hinweisen.

Ist der Papierbogen in gehöriger Dicke auf der Form fixirt, was bei angemessener Handhabung derselben der Schöpfer zu erzielen vermag, indem es in seiner Berechnung liegt, durch die Art des Eintauchens, des längeren oder kürzeren Verweilens in dem Brei, des Herausziehens und der schüttelnden Gegenbewegung beliebig viel Zeug auf der Form zu behalten; so hat er schliefslich die in demselben sich bildende Confistenz so lange zuwartend zu beachten, bis die Gefahr einer Verschiebung der Papiertheilchen durch zu frühe Erschütterung beseitigt ist. Hierauf setzt der Schöpfer als Kautscher die Manipulation fort. Der Bogen wird nun auf die oben beschriebene Holztafel durch einen mäfsigen Druck gekautscht, d. h. abgelegt (قَلْ *kálaba*, d. h. umstürzen) und von da sofort an die erhitzte Mauerwand geklebt, wo er alsbald trocknet und abfällt. Indem die ältere Recension des Textes, Anmerkung 51, hier die gleichmäfsige Ausstreifung des Bogens mit der Hand empfiehlt, weist sie uns auf einen analogen Vorgang bei den Chinesen hin, welche diese Procedur mit Hilfe einer weichen Bürste vollzogen.

7. Das Füllen und Weifsen. Mit bewunderungswürdigem Scharffinn hat WIESNER unter dem Mikrofkope an den älteften arabischen Papierproben der erzherzoglichen Sammlung entdeckt, dafs das sogenannte ‚Füllen', d. i. das technische Verfahren, durch gewisse Zusätze von weifser Farbe das specifische Gewicht des Papiers zu erhöhen und demselben eine schönere Weifse zu verleihen, nicht, wie man anzunehmen geneigt ift, als die moderne Errungenschaft der Maschinenpapierfabrication, sondern als eine alte

orientalifche Erfindung anzufehen fei (Mitth. l. c. 228). Nur hat man vordem, ftatt nach heutiger Manier fein vertheilte mineralifche (erdige) Stoffe, namentlich Kaolin, Gips, Schwerfpath und Zinkweifs zwifchen die Papierfafern zu bringen, als ‚Füllftoff' ein vegetabilifches Mittel, nämlich unverkleifterte Weizenftärke dazu verwendet, was übrigens auch heute bei der Füllung ftärkfter Papierarten (Pappe) gefchieht (Mitth. l. c. 139). Was nun dabei der exacten Forfchungsmethode WIESNER'S zum wahren Triumphe gereicht, ift, dafs auf Grund mikrometrifcher Unterfuchungen an den in unferen Papieren wahrgenommenen Stärkekörnchen die von ihm geftellte Diagnofe auf Weizen, l. c. 228 f., welche durch mich gleichzeitig eine vorläufige hiftorifche Beglaubigung erfahren konnte, l. c. 138 f., nunmehr in einer geradezu überrafchenden fachwiffenfchaftlichen Darftellung von faft taufendjährigem Alter beftätigt wird. Es ift dies eine Coincidenz merkwürdigfter Art zwifchen naturwiffenfchaftlicher Forfchung und hiftorifcher Ueberlieferung und von folcher Actualität, dafs mit ihr gleichfam plötzlich ein abgeriffener Faden in der menfchlichen Culturentwicklung wieder aufgenommen und fortgefponnen zu fein fcheint.

Unfere Handfchriften fchreiben für die im Titel angegebene Operation vor: erftens die befte Gattung des feinften und weifseften Mehles (الدقيق الناعم الحوّارى) und zweitens Weizenftärke (النّشا), beide gereinigt, und geben das Recept zu ihrer Bereitung. Erfteres, das Mehl, hat wohl den Kleber geliefert, deffen Anwefenheit vom Weizenmehl WIESNER l. c. 229 thatfächlich conftatirte. Die feinfte Gattung ift empfohlen, weil die Proteinkörper (Kleber) derfelben, in Procenten ausgedrückt, 11·16%, vom groben Weizen aber nur 3·25% betragen. Stärke enthält das feinfte Weizenmehl 63·64%, Gummi 6·25%. Dafs wir unter نشا *nafchà* ‚Stärke' nur folche vom Weizen, חִטָּה, *Triticum* (gewöhnlich פֶּח), הִטְּתָא, fyr. ܚܛܘ, πυρός, cîtoc, perf. گندم *gendum* (davon fyr. ܓܢܕܐ) zu verftehen haben, wurde von mir bereits, l. c. 138, gefagt. Ich vervollftändige hier nun den Nachweis. Unfer نشا *nafchà*, perf. نشاسته *nifchâftè*, davon arab. نشاستج *nafchâftedfch* = fyr. ܢܫܐܦܬܐ ܠܒܐ ,das Innere (Mark) des Weizens' ift *Amidon*, ἄμυλον, wovon talmud. עמילן, fyr. ܐܡܝܠܐ, ܐܡܝܠܐ und ܐܡܝܠܐ, was von den fyrifchen Lexicographen wieder dem perf. شیر جند *fchir-i dfcheudum*, d. i. ‚Kraftauszug (wörtlich Milch) des Weizens' gleichgefetzt wird, alfo = fyr. ܠܒܐ ܕܚܛܐ ‚Mark des Weizens' und Deut. 32, 14 חלב כליות חטה ‚Nierenfett (Mark) des Weizens'.[81]

Durch die in unferer Quelle befchriebene Procedur des Einweichens und Zerreibens der beiden Materien in frifchem und des Aufquellens ihrer Mifchung infolge Begiefsung mit fiedendem Waffer wird die zarte, durchaus nicht paftöfe Maffe erzeugt, welche zum Einreiben der Papierfläche dienlich ift. Die im kalten Waffer unlöslichen Stärkekörner quellen nämlich bei diefem Verfahren nur unvollkommen, ohne eigentliche Kleifterbildung auf — was die darauffolgende (langfam fich vollziehende) Abklärung beweift — fo dafs fich genug unverletzte Theilchen derfelben erhalten, welche eben in unferem Falle WIESNER die Conftatirung der Pflanzengattung ermöglicht haben. Um fich davon zu überzeugen, möge man einen Verfuch nach der gegebenen Vorfchrift machen.[82]

---

[81] Löw, Aramäifche Pflanzennamen, 157.

[82] Die mikrofkopifche Unterfuchung einer von mir genau nach der arabifchen Vorfchrift bereiteten ‚Füllmaffe', welche Herr Prof. WIESNER vornahm, ergab in der That eine glänzende Beftätigung des oben Gefagten.

Das Einreiben, طلى ṭala, des Papiers mit dieser weifsen Füllmasse, also das Einweifsen,[83] welches wir, unserem heutigen Begriffsausdrucke entsprechend, l. c. 138 auch mit dem Verb. بطن II, d. h. ‚füttern, füllen‘ kennen gelernt haben, und von welcher Wurzel sich das Subst. بطانة biṭâne, ‚Fütterung, Füllung‘ bildet, das in der Textilsprache geradezu einen ‚Futterstoff‘ bezeichnet, begründet also einen doppelten technischen Erfolg: zunächst die Zunahme des specifischen Gewichtes des Papiers und dann eine schönere Weifse desselben, indem diese Füllmasse den gelblichen Stich verdeckt, welcher dem gebleichten Zeug häufig noch anhaftet. Man sieht also, dafs diese Procedur in ihrem Endziele vollkommen dem heutigen ‚Bläuen‘ des Ganzzeuges entspricht. Dafs das ‚Weifsen‘ des Blattes, sowie die Herstellung der ‚Weifse‘ durch das Bleichen des Zeuges (oben Nr. 2) in unserem Falle zwei von einander völlig verschiedene Processe involviren, bedarf wohl kaum einer Erinnerung.

8. Das Trocknen. Nun folgt die Beschreibung des Trocknens, تجفيف tadschfîf, der auf solche Weise gefüllten und eingeweifsten Papierblätter. Da dieselbe Art des Trocknens auch später noch gelegentlich einer anderen technischen Behandlung der Papierblätter mehrmals vorkommt, will ich gleich hier das Nöthige darüber zusammenfassend bemerken. Das Trocknen der feuchten Blätter geschah nach unseren Vorlagen in dreifacher Art: man breitete sie schichtweise auf dazwischen gelegte Rohrstäbe übereinander aus oder hing sie an Hanfschnüren auf oder legte sie zwischen Papiermacherfilze (siehe oben Nr. 6, c). Ersterer Gebrauch ist seit Alters auch in Japan üblich, indem dort ebenfalls zwischen jeden Bogen ein *Kamakura* (Kiffen) genanntes Rohr, mittelst deffen Hilfe der Bogen abgehoben, d. h. ‚geschält‘ werden kann, zu liegen kommt.[84] In jedem Falle mufs der Zustand der Trockenheit, جفاف dschafâf, vor dem Abnehmen genau beachtet werden: sie darf weder zu scharf, noch zu gering ausgefallen sein; denn im ersteren Falle würde wegen gänzlichen Mangels an Feuchtigkeitsgehalt das umgeleimt zugerichtete Papier die Glätte nicht gehörig annehmen, andernfalls würde es beim späteren Uebereinanderliegen in Haufen zur Bildung fettartiger Stockflecken Anlafs geben. Ein nachträgliches feines Besprengen der mit der Füllmasse eingeriebenen Blätter mit dem tiefer eindringenden Absudwasser schien eben jenem ersten Uebelstande begegnen zu sollen. Wie aus dem Gesagten hervorgeht, ist die Vorrichtung des Trockenapparates höchst einfach gewesen: so einfach, wie ihn auch die Trockenböden für geschöpfte Papiere in unseren heutigen Fabriksgebäuden bieten. Auch da haben sich (zum Aufhängen der Bogen) die dünnen und langen Schöfslinge des spanischen Rohres neben Schnüren aus Cocosnufsbast als zweckmäfsig und dauerhaft bewährt. Die früher üblichen Hanfschnüre kamen aufser Gebrauch, weil sie bald faulten und dann gelbe Flecken im Papier erzeugten. Eine Recension unserer Quelle, siehe Anmerkung 60, schreibt ‚dünne Hanffchnüre‘, خيط قنب رقيق, vor; die anderen empfehlen das Rohr, und zwar القصب الفارسى *el-ḳaṣab el-fârisî*, d. h. ‚das perfifche Rohr‘ oder الغاب الفارسى *el-ghâb el-fârisî*, was dasfelbe

---

[83] Daher طلى بالجصّ ‚mit Gips einweifsen‘ (die Wand), Azraḳî, Kitâb achbâr Mekka, ed. WÜSTENFELD, I. 449: ثم طليت به فكانت كلها بيضاء.

[84] ERSCH und GRUBER, l. c. 107.

ift: *L,* fol. 32 *a*: القصب الفارسى وهو غاب على به وتلطخ, ‚und befpritze es damit auf einem Rohre, d. i. das perfifche Schilfrohr', foviel wie κάλαμος, *Arundo* (*Donax* L.).[85]

9. Die Zurichtung (Appretur) des Papiers. Darunter verfteht man heute, nachdem die ungeleimten Bogen aus dem Trockenboden kommen, das Putzen, Zufammenlegen, Trockenpreffen und Glätten. Unfer Text deutet, indem er fich hier fehr kurz fafst, mit Ausnahme der erften alle diefe Manipulationen an, obwohl zweifellos die Araber, wie ihre feineren Papiere vermuthen laffen, auch zum ‚Putzen' der Bogen fich bequemten, indem fie zunächft die durch Zufall in der Papiermaffe zurückgebliebenen oder während der Bearbeitung hineingekommenen fremdartigen Theile oder durch Knoten und Klümpchen erzeugte Unebenheiten möglichft zu befeitigen fuchten, alfo herauslafen. Nun erft folgte

a) Das Zufammenlegen. Es wird in einer Recenfion, Anmerkung 53, durch den Ausdruck جمع *dfcháma',* ‚fammeln', gekennzeichnet. Derfelbe befagt, dafs man alle dem Formate nach zu einander paffenden Bogen fammelte, zählte und zu den von mir in diefen Mittheilungen l. c. 145 befprochenen, durch die Handelspraxis fixirten Blattquantitäten (Buch und Riefs) zufammenlegte.

b) Das Trockenpreffen. Die nunmehr geordneten trockenen Bogen pflegte man unmittelbar vor der letzten Behandlung nochmals einer Preffung zu unterziehen, welche fehr viel zur Glätte des Papiers beitrug, zumal wenn man die zu den bezeichneten Quantitäten gefammelten Bogen mehrmals ‚austaufchte', d. h. diefelben in anderer Ordnung legte, infolge deffen die Bogen möglichft viel Druck empfingen, wobei ihnen die während des Trocknens entftandenen Unebenheiten, wie Baufchen oder Beulen, benommen wurden. Freilich zeigte auch hier die ‚Preffe' nur die urfprünglichfte Einfachheit. Sie war weder eine Schraubenpreffe, welcher fich unfere Voreltern — fiehe die Abbildung Fig. 1 — bedienten, noch eine Hebelpreffe nach neuerem chinefifchen Mufter, fondern nach älterem Gebrauch der Papierväter des himmlifchen Reiches eine zwifchen zwei fimplen Brettern mittelft Stricken herbeigeführte Zufammenfchnürung: daher in der älteren Recenfion unferes arabifchen Textes, Anmerkung 53, der angewandte Ausdruck ‫ضم‬ *zámma,* d. h. ‚zufammenfchnüren'.

c) Das Glätten. Die Araber begnügten fich keineswegs mit der durch das eben gefchilderte Trockenpreffen erzielten Glätte des Papiers, fondern erhoben mit Rückficht auf ihre dickflüffigen Tinten viel weitgehendere Anfprüche auf die Glätte einer Befchreibfläche. Ihr Verfahren war das urfprüngliche in der Papierfabrication, welches bis in die Neuzeit geübt, erft in den Tagen der Satinirmafchine gänzlich verlaffen wurde. Es ift das Reiben der einzelnen Bogen mit einem Glättfteine: dasfelbe wirkt trotz feiner Umftändlichkeit vorzüglich. Die Vorrichtung bedurfte blos zweier Objeéte: eines Brettes und eines Polirfteines.

Erfteres bezeichnet unfer arabifcher Text in der einen Recenfion, Anmerkung 63, mit dem Ausdruck طبل *tabl,* von τάβλον, *tabula* (wie طبلة *tabla,* fpan. *tabla*), Tifch, Brett, Tafel. Im gegenwärtigen Sinne alfo fynonym mit لوح *lôh,* Tafel, Brett, wie fogleich gezeigt werden wird. Ueber die Befchaffenheit der Polirtafel erfahren wir nichts in dem vorliegenden Papiercapitel unferer Quelle; wohl aber findet fich in dem vorher-

---

[85] Löw, Aramäifche Pflanzennamen, l. c. 341.

gehenden X. Capitel, welches über das Glätten des mit Fifchleim auf Papier aufgetragenen Blattgoldes und Blattfilbers handelt, die erwünfchte Aufklärung. Es heifst dort, *L* fol. 25 *a* (*Ga* fol. 44 *r*, *Gb* fol. 36 *r*): ويكون لوح الصقال مربّعًا في ثخانة الاصبع ويكون من الصفصاف او الجوز لنعومتها تحت العمل, ‚Die Polirtafel (*lôḥ eṣ-ṣiḳâl*) ift viereckig, in Fingersdicke; fie ift aus Weiden- oder Nufsholz verfertigt, wegen des fanften Verhaltens diefer beiden Holzgattungen unter der Arbeit'. Damit ift zweifelsohne auch die Politafel des Papierglätters charakterifirt.

Das zweite Object, das eigentliche Werkzeug zum Glätten, heifst صقل *ṣaḳl* oder صقال *ṣiḳâl*, ift der Polirftein, مصقل *miṣḳal*, pl. مصاقل *maṣâḳil*. Er war nach Angabe unferer Vorlage ein مصقل الزجاج *miṣḳâl ez-zadfchâdfch*, ‚Polirftein aus Glas'. Indem aber die Recenfion *Br*, Anmerkung 53, vorfchreibt: وتصقله كما تصقل الثوب ‚glätte den Papierbogen, wie du das Zeug glätteft', werden wohl noch Glättwerkzeuge aus anderen Materialien in Gebrauch gewefen fein. Die Kattunftoffe etc. wurden und werden heute noch geglänzt durch die Reibung des auf einem Tifche liegenden Zeuges mit zugerundet polirten Stücken Glas, Achat oder Feuerftein. Eine fchöne Beftätigung enthält wiederum das vorhin citirte X. Capitel unferer Quelle in feiner Befchreibung der Polirfteine, die im Wefentlichen eben auch für die Papierglättung zutrifft.

L fol. 25 *a*: يتخذ لهذه الحركة ثلاثة مصاقل من حجر البشم[86] احدهم مستطيل الشكل[87] مبروم والاخر مبطط[88] [معدل ويكونا دقيقًا وجههما[89]] ويكــون وجههما في رأس التريش لان اجنابهما لا يعمل بها ويكون الثالث صغيرًا صنوبريّ الشكل معتدل القامة يكون لصقل الخطوط الرقاق وما شاكلها من الاعمال الدقيقة .... ‚Man nimmt für diefes Verfahren drei Arten Glättfteine[90] فان عدم الجماهن فالجزع مقامه الخ vom blauen, dem Auge einer Pfauenfeder ähnlich geftreiften Achat. Die eine von ihnen hat eine längliche Geftalt und ift abgerundet, die andere ift abgeplattet und ausgeglichen, d. h. ihre beiden Polirflächen find gleich und eben; ferner follen die letzteren fich auf dem Scheitel (d. h. dem horizontalen Durchfchnitte) der Bebänderung befinden, denn mit ihren beiden Seitentheilen (des verticalen Durchfchnittes) wird nicht gearbeitet. Die dritte Art ift die kleine, von der Geftalt eines Pinienzapfens mittlerer Gröfse; fie dient zur Glättung feiner Schriftzüge und ähnlicher fubtiler Arbeiten.......... Sollte der Achat mangeln, fo kann ftatt feiner der Onyx genommen werden.' Als Glättfteine finden wir fonach hier eine befondere Gattung Achat, بشم *jafchm* oder perf. خماهن *chamâhen* (= خماهان *chamâhân*) und den Onyx, جزع *dfchaz*', erwähnt. Unter letzterem ift wohl der arabifche الجزع الموشى المبر, ‚buntfarbig geftreifte Onyx' zu verftehen, mit deffen jemenifchen Fundorten und Species uns Hamdânî († 945/6 Chr.) bekannt macht.[91] Wie diefer berühmte Geograph Arabiens mittheilt, verarbeitete man den arabifchen Onyx auch zu Tabletten, Belegplättchen, Schwertknäufen, Mefferftielen, Salbenbüchschen, Schälchen

---

[86] *Ga* fol. 44 *r*, *Gb* fol. 36 *r*: من حجر الجماهن (الخماهن ا.ل) الازرق المطوس المريّش .
[87] *L* add. والاخر .
[88] Cod. مبطّن .
[89] Sic in *Ga* et *Gb*.
[90] Cod. الجماهن .
[91] Hamdânî, Kitâb ṣifa dfcheziret-el-'arab, ed. D. H. Müller, 202 f.

etc. und nur der einadrige indifche Onyx wurde ihm gleichgeftellt. Der Stein bildete felbftverftändlich einen wichtigen Ausfuhrartikel.[92] An verfchiedenen anderen Stellen unferes Werkes ift daher noch die Rede von den foeben befchriebenen zwei Arten Polirfteinen, wenn es fich um die Glättung des mit goldenen oder bunten Ornamenten gezierten Papiers handelt. So wird in *L* fol. 33 *a* الصقلة الجزع, ‚der Glättftein, Onyx, vorgefchrieben; in *Ga* fol. 60 *r* fteht dafür: اصقله بالجزع, ‚glätte es mit dem Onyx'. Im Cod. *L* fol. 24 *r* lautet die Anweifung, radirtes Papier wieder zu glätten: واصقله ويستعان على صقله (l. الحماهن) بحجر الحامج, ‚glätte es und fuche dich bei feiner Glättung mit dem Achatfteine zu behelfen'.

Mit Vollendung der Glättung ift das Papier fertig. Die ‚Füllung', welcher es unterzogen wurde, genügte zur Herftellung der Befchreibfähigkeit. Verfchiedene von mir an Fließpapieren vorgenommene Verfuche haben ein überrafchendes Refultat ergeben. Die gröbften, fchwammigften Sorten und felbft das außerordentlich dünne und mürbe Jofephspapier (Seidenpapier) haben fich nach dem gegebenen Recepte in entfprechend compactes fatinirtes Schreibpapier umwandeln laffen. Allein als vollkommen konnte es beim Linnen- und Hanfpapier gewiß nicht befunden werden, zumal ja auch die Araber an ihre Schreibftoffe die Anforderung ftellten, daß die Tinte auf radirten Stellen nicht fließe. Um diefen Uebelftand zu befeitigen, ward ein Verfahren erfonnen, mittelft welchem ein das Innere durchdringendes Mittel das Papier gegen die Tinte vollkommen widerftandsfähig machte. Diefen Zweck erfüllte:

10. Die Leimung *(collage).* Unfere Quelle nennt fie der Behandlung entfprechend: سقى الكاغد *sakj el-kâghid*, ‚das Tränken des Papiers', oder mit einem populären terminus technicus kurzweg: علاج *'ilâdfch*, ‚die Behandlung', ein Ausdruck, welcher in der perfifchen und türkifchen Papierfabrication noch des XVII. Jahrhunderts unverändert oder in der perfifchen Ueberfetzung درمان *dermân* und دارو *dârû* (eigentlich: Mittel, Arznei) fich erhalten hat.[93] Wenn eine Recenfion unferes Werkes, Anmerkung 54, die Operation der Leimung تنشية *tânfchi'e*, ‚das Stärken' (mit Stärke) nennt, fo ift mit diefem dritten Kunftausdruck eben auch wieder der im Innern des Papierkörpers vor fich gehende Procefs charakterifirt. Unfere Quelle unterfcheidet eine dreifache Art der Leimung:

a) Die Leimung mit Reiswaffer. Diefe ift die ältefte Art, das Papier befchreibfähig zu machen; gewiß eine Erfindung der Chinefen, welche fie heute noch prakticiren.[94] Wir befehen uns zunächft die zur Herftellung des Leimes verwendeten höchft einfachen Geräthfchaften; es find deren zwei: 1. ein Topf, برنية *barnijje* oder Keffel, طنجرة *tândfchare* oder طنجير *tindfchir*, diefer zweifellos von Kupfer, wie an anderer Stelle *L* fol. 34 ausdrücklich طنجرة نحاس fchreibt. Unter برنية verftehen unfere Handfchriften gewöhnlich einen gläfernen Topf oder Krug, *L* fol. 21 *a*, 24 *r* برنية مزججة *barnijje muzâddfchadfche*, einmal einen lackirten Topf, *L* fol. 8 *r* برنية مدهونة *barnijje madhûne*,

---

[92] Mukaddafî, l. c. 97.
[93] Medfchmû'et eṣ-ṣanâ'i', Türk. Handfchr. der k. k. Hofbibl. in Wien, Cod. 1459 (Mxt. 211*a*), fol. 66*a*. — Nafafîzâdè, Rifâlè-i midâdijjè we karthâfijjè. Türk. Handfchr. der Wiener Hofbibl., N. F. 15*a* (*b*), fol. 37 *r* ff. ‛27 *r* ff.).
[94] St. Julien, l. c. 147.

wohl من خشب مدهون, ‚aus lackirtem Holz', weniger من ورق مدهون, ‚aus lackirtem Papiermaché',[95] obschon auch chinesische Utensilien erwähnt werden, z. B. in *Ga* fol. 60*a*, *Gb* fol. 48*r* صحن صيني, ‚eine chinesische Schale'. Selbstverständlich werden wir auch hier in برنية eher einen Topf aus Metall, denn aus glasirtem Thon zu verstehen haben.

2. Ein Lacken, خرقة *chirka* oder Seiher, منخل *munchal*, zum Durchseihen. Letzterer wird neben dem Lacken in der Recension *Br*, siehe oben Anmerkung 55, empfohlen; er ist offenbar, wie *L* fol. 6*r* zeigt, ein شعر منخل, ‚Haarsieb'. Aus welchem Stoffe nun bestand der Lacken? Daß خرقة neben der Bedeutung eines groben mantelartigen Kleidungsstückes auch die eines ‚Stück Stoffes' hat, ist bereits von Dozy, Vêtm. 153 und Suppl. I, 365, nachgewiesen worden. Zunächst wird dort aus Nuweirî das Wort für ein Stück Linnen, كتان, belegt: خرق كتان فرنجى مائتى ذراع ..... اعطاه, ‚er gab ihm zweihundert Ellen Stoffstücke von fränkischem Linnen'. Von dieser Anwendung findet sich nichts in den die Seihlacken erwähnenden Stellen unserer Quelle, bis auf einen einzigen خرقة كتان, ‚Linnenlappen als Wickellappen (*L* fol. 22*r*). *Ga* fol. 58*r* (*Gb* fol. 47*r*) nennt den خرقة لباد, ‚Filzlacken' als Sauglappen; *L* fol. 27*a* den خرقة صوف خشن, ‚Lacken von grober Wolle' als Reiblappen, ferner zu gleichem Zwecke *L* fol. 8*r* den من خرقة صوف, ‚Lacken von Wolle', aber *L* fol. 32*a* auch als Filtrirlacken. Die Lacken aus dem feinen, aber dicht gewebten Wollzeuge شاش *schâsch*, einem musselinartigen Turban- oder Schleierstoff, syr. ܡܚܢܦܬܐ,[96] waren zum Durchseihen bestimmt; demnach in *Gb* fol. 6*r* خرقة شاش, ‚ein Lacken aus Schâsch-Stoff', ebenso *L* fol. 9*a* und fol. 29*a*. Baumwollene Lacken sind erwähnt: *L* fol. 23*r* تأخذ قنينة من الزجاج بلا تحمير وتلفها فى قطن او فى خرقة, ‚du nimmst eine Glasphiole ohne Verschleierung (durch Dunkelfärbung) und hüllst sie in Baumwolle oder in einen Lacken (von Baumwolle) ein'. Der nach *L* fol. 13*r* zum Durchseihen verwendete خرقة قطن صفيقة, ‚dichte Lacken aus Baumwolle' ist zweifelsohne weiß verbrauchter leinwandbindiger Kattun. Noch sind zu erwähnen die seidenen Seih- und Filtrirlacken; *L* erwähnt öfter den خرقة حريرة, ‚seidenen Lacken' und fol. 20*r* heißt es: واعصره فى خرقة حرير صفيقة, ‚presse den Saft aus in einem dichten Lacken von Seide'. Wir werden also nach dem Gesagten für unseren Fall an feine und dichtgewebte Lacken zu denken haben (*L* fol. 21*a* خرقة بيضا رفيعة; *Ga* fol. 64*a*, *L* fol. 7*r*, 30*r* خرقة صفيقة; *L* fol. 28*r* شاش رفيع صفيق). Da hier, ebenso wenig wie mit des Theophilus' Worten: ‚cola diligenter per pannum'[97] die Stoffgattung präcisirt ist, ist nach dem Gesagten in erster Linie zwischen Woll- und Baumwollaken zu entscheiden. Ich denke an den Baumwollmusselin. Die Operation des Durchseihens geschah auf folgende Art: der Seiherstoff, welcher natürlich sehr rein sein mußte (*L* fol. 11*r*, 12*a* خرقة نظيفة; fol. 12*r* خرقة نقية) wurde über einen Stuhl, كرسى *kursijj*, d. h. den sogenannten Färberstuhl (*Gd* fol. 11*r*; *L* fol. 32*a* على كرسى من كراسى الصباغين) gespannt, welcher seiner Bestimmung nach ungefähr dem heutigen zum Trocknen und Strecken der gefärbten Zeuge verwendeten Spannrahmen entsprochen haben mag. Darnach wurde die durchzuseihende Flüssigkeit auf-

---

[95] Makrîzî, Chit. II, 105.

[96] Bar 'Alî ed. G. Hoffmann, I, 253, Nr. 6530; Ibn el-Furât, Târîch ed-duwal wa-l-mulûk, Handschr. der k. k. Hofbibliothek in Wien, A. F. 122, Tom. VI, fol. 154*r* f.; Papier Nr. 4067 der erzherzoglichen Sammlung, Stoffverzeichniss des VII. Jahrhunderts d. H.: شاش صوف ,‚ein Schâsch-Stoff' aus Wolle.

[97] Theophilus, Diversarium artium schedula, ed. A. Ilg, 227.

gegoffen (الماء عليه وصب), welche, indem fie den lofe gefpannten Lacken vermöge ihrer Schwere fackartig vertiefte, durchträufelte, um darunter mittelft eines Gefäfses aufgefangen zu werden.

Die Leimungsflüffigkeit nun, welche nach der gegebenen Vorfchrift mit diefen Behelfen erzeugt wurde, ift der klebrige Abfud von Reis, ارز, *Oryza sativa* L., perf. برج *birindfch*, welcher 80% Stärke enthält. Handelte es fich alfo nach Vollendung der unter 1 bis 9 befchriebenen Operationen um die Darftellung eines geleimten Papiers, fo mufste fie felbftverftändlich mit den fertigen Bogen vorgenommen werden, indem man diefelben unter den dünnflüffigen Leim tauchte und fie fodann durchzog, wobei der in die Poren eindringende und fie ausfüllende Leim zugleich die Fafern des Papiers zufammenklebte. Dies Verfahren erforderte Sorgfalt und Aufmerkfamkeit. Es ift bei der Herftellung des mit der Hand in Formen gefchöpften Papiers bis auf den heutigen Tag in Uebung geblieben, da man hiebei aus praktifchen Gründen die Leimung des fertigen Bogens der Leimung in der Maffe oder in der Bütte vorzieht; denn das geleimte Ganzzeug verunreinigt leicht das Drahtgeflecht der Schöpfform und die Filze, anderer Uebelftände nicht zu gedenken. Doch ift es zweifellos, dafs auch fchon die Araber diefes letztere Verfahren, d. h. die Leimung, beziehungsweife Füllung in der Maffe, kannten und ausübten (Mitth. II und III, 138): nicht nur, dafs WIESNER, l. c. 228, zum Beweis deffen Stärkekörnchen in der Papiermaffe auffand; fondern wir haben auch zuverläffige Nachrichten von Reifenden darüber, dafs die Chinefen, die Lehrmeifter der Araber, und die Japaner das Zeug in der Schöpfbütte mit einem Abfud von Reis, Erbfen und anderen klebftoffhaltigen Vegetabilien lange bevor zu leimen verftanden, als 1806 der Papierfabrikant M. F. ILLIG zu Erbach im Odenwalde bekannt machte, dafs er die Kunft, das zum Schreiben gebrauchte Papier in der Maffe felbft zu leimen erfunden habe.[98]

Die Leimung der Papiere mit Reiswaffer hat fich im ganzen muhammedanifchen Orient bis in die neuere Zeit traditionell erhalten. Namentlich waren es die auf folche Weife geleimten Bagdàder Papiere (Mitth. l. c. 121 f., 141 ff., 153 ff.), deren Gröfse und Feftigkeit ihnen Ruhm und weite Verbreitung verfchafften. Ich bin in der Lage, zu dem l. c. über die Bagdàder Papierfabrication Gefagten einen intereffanten Nachtrag zu liefern, aus welchem hervorgeht, dafs felbft noch um die Mitte des XVII. Jahrhunderts die mit Reiswaffer geleimten Bagdàder Papiere im türkifchen Reiche, überhaupt im vorderen Oriente durch ihre Nachahmung eine gefährliche Concurrenz zu erleiden hatten. Bei dem allgemeinen Niedergang der orientalifchen Papierfabrication in diefer Zeit will das allerdings nicht viel befagen, höchftens nur, dafs unter den fchlechten orientalifchen Papieren das Bagdàder nicht das fchlechtefte war.

In dem Werke مجموعة الصنائع, d. h. „die Sammlung der Künfte",[99] einer höchft werthvollen polytechnifchen Schrift unbekannten Verfaffers, welche auf Befehl des Abdàl Chàn von Bidlìs († 1668) aus dem Perfifchen in das Türkifche überfetzt wurde und deren Abfchrift aus dem April 1701 datirt, handelt das 30. Capitel, fol. 66 a f., unter Anderem auch davon, Papier nach Bagdàder Art zu leimen und feftzumachen (وكاغدك ياغنى المتى) oder wie am Rande eine Note befagt: قالك كاغد بغدادى يابق (وكاغدى قالين اتمك), dickes

---

[98] G. M. S. FISCHER, l. c. 112.
[99] Türk. Handfchrift der k. k. Hofbibliothek in Wien, Cod. 1459. Mxt. 211 a.

Bagdâder Papier zu machen'. Ich laſſe hier die betreffende Stelle des mit Vulgarismen und Schreibfehlern unterſpickten, offenbar auf ſehr alte Quellen zurückgehenden türkiſchen Textes folgen:

فصل اوّل كاغده درمان و بيملك بيانده در بغدادى ونثاف اوليه بياض برنجى¹ الوب اوشدوره لر² صوايله كبرى كده وتوزوك لذقى اندن زائل اوله واوزه رينه³ صوغيوب⁴ بركون بركجه دوره حلّ اولان⁵ برياك قابك⁶ ايچنه قويلر بعده بر تابه ايچنه⁷ قيوب⁸ والته يومشاق آتش⁹ ابدوب قيندهلر و بر چبوق ايله قارشدوره لر تا كه غليظ اوله بعده صودهلر وكاغدى بر تختّه¹⁰ اوزه رينه¹¹ قيوب¹² بر يـــاض بز ايله سودهلر و بر كوﯕش¹³ اوكنه دوشيوب كاغدى فروزلر¹⁴ كـه اﯕ بغدادى كاغددن فرق ايتمه وهر نه رنك اسرارلرسه بو دارونك ايچنه¹⁵ قرشدوب¹⁶ كاغده سودهلر تمام رنكين اولور ٭

Anmerkungen. 1. Vulgär für برنجى — 2. für اوشدرلر — 3. für اوزرينه — 4. für قويوب — 5. Cod. اولاﯕ — 6. d. i. بريان قابﯕ (nach einer gütigen Mittheilung des Herrn Baron SCHLECHTA) — 7. Cod. ايجنه — 8. für قويوب — 9. Cod. آنش — 10. fehlerhafte türkiſche Schreibweiſe für تختّه — 11. für اوزرينه — 12. für قويوب — 13. Cod. كونش — 14. Cod. فروشلر — 15. Cod. ايجنه — 16. Cod. قرشدون.

Ueberſetzung.

‚Erſter Abſchnitt. Beſchreibung, wie das Papier zu leimen iſt, damit es ſo werde, wie Bagdâder Papier und nicht fließe.

Man nehme weißen Reis und zerreibe ihn mit Waſſer, damit er ſich gut vermenge und der ſtaubige Beigeſchmack (Staubbeiſatz) beſeitigt werde. Dann gieße man (noch mehr) Waſſer hinzu und laſſe ihn eine Nacht und einen Tag lang ſtehen. Dieſe Auflöſung gieße man in eine Bratenſchüſſel. Hierauf gebe man (das Ganze) in eine Pfanne und laſſe es über einem gelinden Feuer kochen, rühre es auch mit einem Stäbchen um, damit es ſich verdichte. Dann laſſe man (die Maſſe) abkühlen und gieße (d. h. breite) das Papier auf ein Brett aus, worauf man es mit einer (in jenen klebrigen Reisabſud getauchten) reinen Leinwand abreibt und an die Sonne ſtellt. (Bei ſolcher Behandlung) werden (ſelbſt) Papierhändler nicht im Stande ſein, dasſelbe von (echtem) Bagdâder Papier zu unterſcheiden. Auch nimmt es jede beliebige Farbe an, wenn man (den Färbeſtoff) der (Leimungs-) Maſſe (dârû) beimengt und das Papier damit einreibt.'

Indem alſo dieſe Leimung mit dem klebrigen Reisabſud vollauf genügte, das darin getränkte oder damit eingeriebene Papier tintenfeſt zu machen, hat man in alter Zeit demſelben noch ein Ingredienz beigemiſcht, doch lediglich nur zu dem Zwecke, um das Papier auch vor dem Wurmfraß zu ſchützen. Das Mittel beſtand in dem Safte der Coloquinte oder Bittergurke, حنظل *hantsal*, κολοκυνθίς, *Citrullus Colocynthis* Schrad., deren Früchte bekanntermaßen officinell waren und gegen Ungeziefer dienten. Unſer 'Umdet el-kuttâb ſchreibt darüber, *L* fol. 7 *r*:

واعلم انك ان وجدت اكل الارضة فى الحبر دون الورق فاعلم انه انما هو ذوبـان من كثرة الزاج وان كان من الورق فهو من الارضة فجعلوا المتقدّمين الحنظل فى مركب الحبر وفى علاج الورق لمنع الارضة

‚Wiſſe, daſs wenn du in der Tinte (der Schriftzüge) den Wurmfraſs findeſt, ohne daſs irgend eine Spur desſelben auch im Papier zu ſehen iſt, ſo merke, daſs er nur vom Zerfall infolge zu vielen Vitriols herrührt; wenn er aber (auch) im Papiere erſcheint, ſo kommt er von dem Wurme. Demgemäſs bereiteten die Alten die Coloquinte als Zuſatz zur Compoſition dieſer Tinte und zur Leimung des Papiers, um damit den Wurm hintanzuhalten.'

In den Papieren der erzherzoglichen Sammlung, ſoweit dieſelben unterſucht wurden, ſowie in allen anderen gleichzeitig von Prof. WIESNER der mikroſkopiſchen Prüfung unterzogenen mittelalterlichen Papierproben konnte eine Reisleimung nicht nachgewieſen werden, trotzdem die Erkennung der Stärkekörnchen dieſer Pflanzengattung keiner Schwierigkeit unterliegt.

b) Die Leimung mit Weizenſtärkekleiſter. Eine in hohem Grade genugthuende Beſtätigung erhält nun, anſchlieſsend an die in unſeren Papieren entdeckte ‚Füllung' (oben Nr. 8), hier wieder der ſtricte Nachweis Prof. WIESNER'S von der Stärkekleiſterleimung der von ihm unterſuchten Papiere, den er in folgende Worte zuſammenfaſst: ‚Es iſt ſomit, glaube ich, als ſo gut wie gewiſs zu betrachten, daſs die Faijûmer Papiere mit Weizenſtärkekleiſter geleimt wurden.' (Mitth. l. c. 229, auch 226 und 253). Unſer ſcharfblickender Pflanzenphyſiolog erkannte aber in dieſer von ihm entdeckten Stärkekleiſterleimung ein ziemlich rohes Stärkeproduct, welches Kleberreſte und andere Mehlbeſtandtheile (aus der gemeinſchaftlichen Frucht- und Samenhaut herrührend) enthielt', und ſolche ‚Kleienbeſtandtheile' fand WIESNER in den Papieren nicht ſelten (l. c. 229).

Iſt es nicht wunderbar, wie dieſer diagnoſtiſche Befund jetzt durch ein nahezu tauſend Jahre altes Recept wörtlich beſtätigt wird?

Unſere arabiſche Quelle ſchreibt ausdrücklich die نخالة الحنطة, ‚Kleie vom Weizen', welche noch اثر الدقيق, ‚Mehlbeſtandtheile' enthält, vor; denn die نخالة دقيق الشعير, ‚Kleie vom Gerſtenmehl' wurde lediglich nur dazu gebraucht, durch Beräucherung mit derſelben ſympathetiſche Tintenſchrift hervorzurufen (*L* fol. 9 *a*, *Ga* fol. 10 *r*). Wenn unſer Recept die ‚feine' Weizenkleie jener der vorwiegend von Hülſen oder zerriſſenen Fruchtſchalen (نخالة القشر) gebildeten vorzieht, ſo iſt hiefür natürlich die erprobte Leimungsfähigkeit des aus dem durchgeſeihten dünnflüſſigen Stärkekleiſter dargeſtellten Leimwaſſers maſsgebend geweſen. Denn die ‚feine' Weizenkleie beſitzt an Zellſtoff 30·8%, Stärke 26·11%, Dextrin 5·52% und Kleber 13·46%. In Aegypten gab ein Scheffel (اردب *irdább*, ἀρτάβη) Weizen bis zu 8% Kleie. Dies wird durch einen ſehr ſchönen arabiſchen Papyrus der erzherzoglichen Sammlung, welcher aus dem VIII. Jahrhundert von Bâhâ, einem Orte des oxyrhynchiſchen Gaues (el-Behneſâ) herſtammt, bezeugt. Die in ihm berichtete Naturallieferung bezieht ſich auf die Abgabe des Weizens in vermahlenem Zuſtande, woraus hervorgeht, daſs 1 Irdabb desſelben 62·5 ägyptiſche Pfunde Mehl faſste. Der Text lautet:

Arabischer Papyrus 9076:

بسم الله الرحمن الرحيم
الذى وصل الىّ من قبل عيسى وبشير من القمح
من غلّة الامير ابقاه الله باها
فخرج فى غربلتها ٥
وبقى هى ٤٦
غلّتها جديدة وطحنوها فخرجت
ووزنها بالقبان فخرجت

بالانتخال هى
اردب
ن
٤٦

قنطار رطل
٤١ ٨٧

Ueberfetzung.

Im Namen Gottes des Barmherzigen des Erbarmenden!
Was an mich eingelangt ift: Von Seiten des 'Ifâ und Befchîr an Weizen
von der Ernte des Emîr (Gott erhalte ihn am Leben!) in Bâhâ
                                                                            In Durchfiebung,
                                                                            das find:
                                                                            Scheffel
                                                                            50

    davon gingen aus dem Siebe hervor (an Kleie) 4
    es verblieben (an Mehl) 46
Von der neuen Fechfung, welche man vermahlte, ergaben fich 67
    ihr Gewicht auf der Wage ergab .... Centner   Pfunde
                                                41   87

c) Die Leimung mit Traganth. WIESNER hat, l. c. 218 ff., 224 ff., 254 ff., in einer glänzenden, die Kriterien zur Prüfung der Leimung des Papiers auffftellenden Beweisführung dargethan, dafs in keinem der Fälle, für welche Herr BRIQUET die Traganth-, Harz- oder combinirte Traganth-Harzleimung in Anfpruch nahm, eine folche Leimung fich nachweifen läfst. Auch alle übrigen, bisher an zahlreichen alten Papieren nach diefer Richtung hin angeftellten Unterfuchungen ergaben ein negatives Refultat. Nun ftellt fich angefichts unferer plötzlich auftauchenden arabifchen Quelle die überrafchende Thatfache heraus, dafs die von Herrn BRIQUET auf Grund feiner mikrofkopifchen Unterfuchungen fälfchlich behauptete [100] Harz- und Traganthleimung der altorientalifchen Papiere wenigftens in ihrem zweiten Punkte dennoch eine hiftorifche Beftätigung erhält: Herr BRIQUET hat fomit — wie es ihm auch bezüglich feiner *Légende paléographique du papier de coton* wiederfuhr — die Wahrheit errathen, nicht aber erwiefen. Von diefem Gefichtspunkte aus mag nun der hier zum erftenmale gelieferte Beweis für das Beftehen und das Alter der Traganthleimung dem vortrefflichen Gelehrten immerhin eine Genugthuung gewähren.

---

[100] C. M. BRIQUET, Recherches sur les premiers papiers employés en Occident et en Orient du Xe au XIVe siècle, Paris 1886, 41 ff. (Extrait de Mémoires de la Société nationale des Antiquaires de France, tome XLVI.)

— 34 —

Unfer Text führt alfo als drittes Leimungsmittel auf: الكثيراء al-ketira, Traganthgummi von Astragalus, τραγάκανθα = fyr. ܟܬܝܪܐ ܠܒܢܝ, חנית, fpan. alquitirra, ital. chitirra, chiturea cioè dragauti.[101] Die Schreibweife كثيرة, welche fammtliche Codices des 'Umdet el-kuttâb bieten, ift eine vulgäre und fehr alt; fo fchreiben nämlich auch die Drogenverzeichniffe der erzherzoglichen Sammlung, z. B.:

Papyrus 180:	قيراط كثيرة	‚Ein Karat Traganth',
Papyrus 350:	كثيرة ⅛	‚Traganth, ⅛ (Karat)',
Papyrus 973:	كثيرة ½	‚Traganth, ½ (Karat)',
Papier 8201:	كثيرة[102] بيضاء نصف رطل	‚Weifser Traganth, ein halbes Pfund'
Papier 18266:	كثيرة[103]	‚Traganth'.

Unter ketira ift natürlich das Gummi verfchiedener im Oriente und Griechenland vorkommender Astragalus-Arten zu verftehen. So fagt Abû Dfcha'far Ahmed el-Dfchezzâr († um 1004?) im zweiten Grade feines Kitâb el-i'timâd fi-t-tibb (‚das über die Heilmittel handelnde Buch des Vertrauens'): كثيراء صمغ القتاد, ‚Ketira ift das Gummi vom Katâd'. Kazwini († 1283) fchreibt über Letzteren:[104] قتاد شوكة معروفة يتخذها الناس وقودًا وتقول العرب للامور الصعبة دونها خرط القتاد لان ابرها حادة طويلة جدًّا صمغها ينفع من السعال وقرحة الرية ويصفي الصوت, ‚Katâd ift ein bekannter Dornftrauch, den die Leute als Brennftoff gebrauchen. Die Araber fagen bei einer fchwierigen Unternehmung, fie gehe über das Abftreifen der Zweige des Katâd, weil derfelbe fehr lange fpitzige Dornen hat. Sein Gummi nützt bei Huften, Lungenkatarrh und macht die Stimme klar.' Bei den Arabern führt der Astragalus noch die Namen شجرة القدس, ‚Strauch der Heiligkeit', auch مسواك المسيح, ‚Meffiaszahnftocher', ferner سواك العباد, ‚Zahnftocher der Sklaven' etc.; im Perfifchen heifst er گُم kum.[105] Die Araber Aegyptens fprechen feinen Namen Kedid, häufiger Keddâd aus und bezeichnen damit die grofsen dornigen Astragalus-Arten Leucacanthus Boiff., Forskalii Boiff. und auch den nicht dornigen Kahiricus DC.; in Syrien ift قتاد Astragalus sp.[106]

Es frägt fich, welche Astragalus-Art gab das Gummi für die Zubereitung des Papierleimes? Es werden der Farbe nach zwei Sorten Ketira erwähnt: الكثيراء الحمراء, ‚das rothe Ketira'[107] oder الكثيراء الشقراء, ‚das fuchsrothe Ketira', L fol. 23 a, und الكثيراء البيضاء, ‚das weifse Ketira', L fol. 23 r und oben Papier Nr. 8201. Erfteres war die gewöhnliche Sorte, welche man gleich den gemeinen Drogen nach dem Dfcharawi-Gewicht verkaufte; von der zweiten fagt der Perfer el-Herawi:[108] وبترش سبیزد بوز, ‚die

---

[101] Pegolotti bei Heyd, Gefchichte des Levantehandels, II, 653.
[102] So punktirt: كثيرة.
[103] Statt كثيرة, alfo offenbar mifsverftanden nach dem Gehör wiedergegeben.
[104] 'Adfchâib el-machlûkât, ed. Wüstenfeld, I, 292.
[105] Burhân-i kâti', Calcutta 1818, s. v.; Vullers, II, 799, 880.
[106] Löw, l. c. 50 f., 427.
[107] Ibn Mammati bei Kalkafchandi, ed. Wüstenfeld, 235.
[108] Kitâb el-ebnijje etc., l. c. 207.

beſte Sorte Ketira iſt die weifseſte'. Sie iſt eigentlich das Gummi von *Astragulus Tragacantha* L., welcher im Orient nicht vorkommt.[109] Wir ſind alſo bezüglich ſeiner nach Griechenland, eine alte Heimath des Traganths und das einzige europäifche Land gewiefen, von welchem im Mittelalter diefes Gummi bezogen wurde.[110] Dahin führt auch die in unſerem '*Umdet el-kuttâb* an einer Stelle, *Gd* fol. 10 *r*, gebrauchte nähere Bezeichnung كثيرة روميّة, ,griechifches Ketira'.[111] Es iſt begreiflich, dafs man bei der Papierfabrication von der Benützung der gewöhnlichen, mehr in einen farbigen Ton fallenden oder gar rothen Ketira-Sorten abfehen und fich des koſtfpieligeren ganz weifsen Traganthes, dem die hochgefchätzte blätterige Sorte Kleinafiens gleichwerthig war, bedienen mufste. Koſtfpielig mochte er felbſt in Aegypten gewefen fein, weil man ihn dort auf die Wage des Safrans, Balfams, Bibergeils, Zinnobers, Mennings etc. legte und nach dem Mann-Gewichte wog.[112] Und unter den theueren Arzneien der ordinirenden Aerzte von Montpellier, über welche Guiot von Provins in der Dichtung ,*Bible*' ſeinen Spott ausläſst, iſt auch, V. 2622, der Trank *diadragum* genannt, fonſt *diadragagantum* oder *dyadragantum*, deſſen Hauptbeſtandtheil ſeinem Namen zufolge eben Traganth bildete.[113]

Daraus erhellt zur Genüge, dafs an eine ausgebreitete Verwendung des *ketira* oder Traganthes bei dem grofsen Bedarf an Materialien gerade in den Stätten der orientalifchen Papierfabrication nicht gedacht werden kann. Iſt ſchon der Umſtand, dafs diefe Leimungsart erſt an dritter Stelle und nur beiläufig erwähnt wird, hiefür beweisgebend, ſo deutet auch das dabei beobachtete Verfahren ſelbſt auf eine ſehr eingefchränkte Verwendung des Traganthes als Leimungsmittel hin: er wurde nämlich, was die eine Recenſion (fiehe oben Anmerkung 57) ausdrücklich zu ſagen nicht unterläſst, mit Weizenſtärke verſetzt — und ſo hat man es auch noch im XVII. Jahrhundert in der türkifchen Papierfabrication gehalten. Dieſelbe kennt neben der altüberlieferten Leimung mit Reiswaffer oder reiner Weizenſtärke nur noch Zuſätze zu der letzteren, beſtehend aus كثيرا, Traganth, oder türk. بالق طوتقالى *balyk tutekaly*, arab. غراءالسمك *ghirâ es-sâmak* (*Gd* fol. 8 *r*), Fifchleim, Haufenblafe (*gluten de vesica piscis qui dicitur huso*, Theophilus, l. c. 347).[114] Wenn man ſich diefe uralte Combination von Traganth und Weizenſtärke vor Augen hält, dann erfcheint auch die von unferen Technologen fchlankweg aufgeſtellte Behauptung (Mitth. l. c. 224), die Anwendung der Stärke als Zufatz zur Harzleimung ſei als eine in die neue Periode der Mafchinenpapierfabrication gehörige Erfindung zu betrachten, in ihrer Wefenheit wiederum in einem etwas anachroniſtifchem Lichte, infofern, als der Schritt vom Traganth zum Harz kaum einer befonderen Erfindung bedurfte.

11. Das Antikifiren des Papiers. Diefe Operation beſteht auch wieder in nichts Anderem, als in einer mit entfprechendem Farbſtoff verfetzten Stärkekleiſterleimung. Ein ähnliches Verfahren haben wir oben unter Nr. 10 *a*, am Schluſſe der türkifchen Unterweifung in der Reisleimung kennen gelernt. Im erſteren Falle handelt es ſich alſo, um

---

[109] Löw, Aramäifche Pflanzennamen, 51.
[110] Heyd, l. c. II, 653.
[111] Nicht ,kleinafiatifches', wie روميّة nach jüngerem Sprachgebrauch ſonſt überſetzt werden könnte.
[112] Ibn Mammatî, l. c. 225.
[113] Heyd, l. c. II, 654.
[114] Nafafizâdè, l. c. fol. 15 *r* ff. (27 *r* ff.).

mich einer auch unseren Papiermachern geläufigen Ausdrucksweise zu bedienen, um die Papierfärbung mittelst Stärkefarben; nur verfteht man jetzt darunter eine ftark kleifterige Maffe, mittelft welcher — wie mit jenem türkifchen Reiskleifter — die darein gemifchte Farbe auf die Papierfläche verftrichen wurde, indefs unfere alte arabifche Quelle den Papierbogen in das dünnflüffige Leimungsmittel einzutauchen vorfchreibt. Im nächften Abfchnitt V werde ich mehr darüber zu fagen haben. Was die Ueberfchrift des in Rede ftehenden Abfatzes betrifft, fo entfpricht der Ausdruck التعتيق et-ta'tîk, ,das Altmachen, Antikifiren' einer von den Arabern feit jeher gehuldigten Gefchmacksrichtung, welche den blendend weifsen Papieren folche mit einem Stich ins Gelbe oder Rothbraune, als wären die Blätter infolge des Alters vergilbt oder gebräunt, vorzogen. Dafs insbefondere die Urkundenfälfcher fich auf das „Antikifiren" des Papiers verftanden, ift von mir bereits angedeutet worden (Mitth. II und III, 147). Unfere Quelle befchreibt nun zwei Arten des Antikifirens:

a) Das Antikifiren mit Safran. Diefes feit den älteften Zeiten im Oriente für Schreibftoffe beliebte vegetabilifche Färbemittel (Mitth. l. c. 151) diente in diefem Falle, wie gefagt, zur Herftellung der Stärkefarbe oder Wafchfarbe, demnach einer Farbenbrühe, deren Grundlage die feinfte und reinfte Weizenftärke war. Ihr Quantum ist fixirt: 10 Pfunde, رطل *riṭl* = λίτρα, Süfswaffer. Diefe Flüffigkeit wurde nämlich nicht gemeffen, fondern gewogen.[115] Mit Weizenftärke der vorgefchriebenen Qualität verfetzt, mufste das Waffer um mindeftens zwei Karate, d. i. $^{1}/_{1080}$ Pfund, nach einer zweiten Verfion (Anmerkung 58) um zwei oder mehr Finger eingekocht werden. Erft darnach wurde zur Herftellung der Pigmentirung des Stärkeleimes durch Beimifchung eines beliebigen Quantums Safran gefchritten. Die weitere Procedur bedarf nach dem Vorausgehenden keines Commentars.

b) Das Antikifiren mit Feigen. Eine in gleicher Weife hergeftellte Farbenbrühe, deren Pigmentirung mittelft der Feigenmilch gefchah. Es fragt fich, welche Früchte hiezu verwendet wurden: von *Ficus carica* L. oder *Ficus Sycomorus* L.? Beide fanden Verwendung in der Wirâḳe, d. h. in den die Technik des Schriftwefens umfaffenden Künften der Araber. So diente die füfse efsbare Feige von *Ficus carica* L. zur Herftellung des

---

[115] Auch andere Flüffigkeiten, namentlich Getränke, wie Wein etc. wurden nach dem Gewichte bemeffen und verkauft. Mas'ûdî, Murûdfch eds-dfahab, Bulâker Ausgabe, II, 234: فاذا قدّامه قدح بلور محروز فيه شراب ينفذ مقداره خمسة ارطال ,Und fiehe! vor ihm ftand ein Kryftallbecher von Werth, gefüllt mit einem Trank, deffen Mafs fich auf fünf Pfunde erwies.' Auch das Trinken wurde nach Pfunden berechnet. Tabari, Annales III, IV, ed. Guyard, 1041: وقال اسقوه رطلاً ,und er fagte: gebet ihm ein Pfund (Wein) zu trinken!', ebenda: وقد شرب المأمون رطلاً اخر ,Mâmûn hatte bereits ein zweites Pfund (Wein) getrunken'. Ibn el-Athîr, Chronicon, ed. Tornberg, VI, 255: فلمّا دخل طاهر سقاه رطلين وامره بالجلوس ,Als nun Tâhir eintrat, gab er ihm zwei Pfunde zu trinken und befahl ihm fich niederzufetzen.' Ibn Maskowaih, Tadfchârib el-umam, ed. de Goeje, 556: ,Da fprach فقال بغا انّ امير المؤمنين امرني اذا جاوز السبعة ارطال الّا اترك احدًا فى المجلس وقد جاوز العشرة Boghâ: Wahrhaftig! der Fürft der Gläubigen befahl mir, fobald er die fieben Pfunde überfchritten (wörtlich: Dafs du nicht Einen mehr bei dem Gelage läfst! — und nun hat er fchon die Zehn überfchritten)' (Ibn el-Athîr, VII, 63: وقد شرب اربعة عشر رطلاً ,und nun hat er fchon vierzehn Pfunde ausgetrunken"), woraus G. Weil, Gefchichte der Chalifen, II, 369, gemacht hat: ,Der Chalife habe ihm (Bogha) befohlen, feine Gefellfchafter nie über die fiebente Nachtftunde bei ihm zu laffen.'

klebrigen Bindemittels der Galläpfeltinte: *L* fol. 13 *r* ثم تجمع ماء العفص والتين الخ, ‚fodann vereinige das Waſſer des (darin aufgelöſten) Gallapfels und der Feige etc.' Hauptſächlich verwendete man zur Erzeugung eines klebrigen Abſudes die Feige von Ma'arrat en-No'mân in Nordſyrien, welche unter dem Namen التين المعرّي, ‚die ma'arriſche Feige' auf den orientaliſchen Märkten ein geſuchter Handelsartikel war. Daher ſchreibt *L* fol. 22 *r* zu dem gedachten Zwecke التين المعرّي الجيّد, ‚die ausgezeichnete ma'arriſche Feige' vor; und Reiſende, wie der Perſer Nâṣiri Chosrau[116] im Jahre 1047 und der Sicilier Ibn Dſchobair[117] im Jahre 1184 unterlaſſen es nicht, die Feigenculturen von Ma'arrat en-No'mân beſonders hervorzuheben. Allein der hohe Zuckergehalt, welcher dieſe Species ganz vorzüglich zur Tintenbereitung eignete, ſowie das gelbliche bis purpurne Fruchtfleiſch genügten an ſich nicht, um die entſprechende **Stärkefarbe** für die Antikiſirung herzuſtellen. Man bediente ſich hiezu zweifelsohne der **Sykomore** oder **wilden Feige**, arab. التين البرّي oder الجمّيز, von *Ficus Sycomorus* L.., bibl. שקמה, συκάμινον, ſyr. ܫܩܡܐ. Schon in alter Zeit hat man es verſtanden, die in Doldentrauben vereinigten ſchuppigen Feigen dieſes groſsen, in Aegypten und Paläſtina einheimiſchen Baumes[118] ſüſs ausreifen zu laſſen und nicht nur für Thiere, ſondern auch für Menſchen genieſsbar zu machen, indem man dieſe Früchte einige Tage bevor man ſie abnahm aufſtach. So ſpricht der Prophet Amos, VII, 14 von dem Einritzen der wilden Feigen, welches auch Theophraſt, IV, 2 erwähnt.[119] Die Araber kannten und übten dieſes Verfahren nicht minder.

Nach der Schilderung 'Abd-el-latîf's von 1200 n. Chr. beſtieg man einige Tage vor dem Abpflücken der Früchte den Baum und ſtach eine nach der anderen mit einem Stecheiſen auf. Aus der ſo gemachten kleinen Wunde floſs ein weiſser Milchſaft und die angeſtochene Stelle ward ſchwarz. Dadurch erhielt die Frucht erſt einen ſüſsen Geſchmack. Dieſen weiſsen Milchſaft der wilden Feige nun, der in gleicher Weiſe auch den Zweigen entzogen wurde, verwendeten die Araber in der **Färberei**, indem ſie mittelſt Auftragung desſelben Stoffe und andere Gegenſtände, alſo wohl auch die Papiere roth färbten.[120] Dafs dies aber wieder nur erſt nach der Bereitung des Saftes zur **Farbenbrühe** geſchehen konnte, geht aus folgender, über eine Art ſympathetiſcher Tinte handelnden Stelle von *L* fol. 8 *r* hervor: صفة مداد اذا كتبت به وقربته الى النار فان الكتابة تظهر حمراء وهو ان يكتب على الورق بلبن التين البرّي وهو الجمّيز وجفّفه فان الكتابة لا تظهر في الورق الا اذا قرّبتها الى النار, ‚Beſchreibung einer (anderen ſympathetiſchen) Tinte. Sobald du mit derſelben geſchrieben haſt und ſie dem Feuer nahebringſt, erſcheint die Schrift roth. Es geſchieht dies, wenn du das Papier mit der Milch von der wilden Feige, d. h. der Sykomore beſchreibſt und dieſelbe (darauf) eintrocknen läſst: die Schrift erſcheint nicht früher auf dem Papiere als bis du ſie dem Feuer nahe gebracht haſt'. Die Rothfärbung des weiſsen Milchſaftes wird alſo evident durch **Erhitzung** erzielt, genau ſo, wie laut unſerer Vorſchrift der Antikiſirung durch die **Abkochung** des Feigenſaftes deſſen Farbkraft erzeugt wird. Dafs ‚alte Feigen, welche das Vieh friſst', alſo die infolge ihres Alters ausgetrockneten und wegen

---

[116] Sefer nâmêh ed. Schefer, 10 (perſ. Text).
[117] Rihle ed. W. Wright, 19.
[118] Flückiger, Pharmakognoſie des Pflanzenreiches, 2. Auflage, 807.
[119] Rosenmüller, Bibliſche Alterthumskunde, IV, 1, 284.
[120] Relation de l'Égypte, trad. par S. de Sacy, 19.

Mangels an Schmackhaftigkeit nicht mehr geniefsbaren Früchte vorgefchrieben werden, hat wohl feinen beftimmenden Grund in dem mit der Erhärtung des Milchfaftes eintretenden Verlufte feiner ätzenden Schärfe, infolge deffen die Löfung des feften körnigen oder klumpigen Inhalts der Milchfaftfchläuche in Waffer herbeigeführt werden mufste. Je nach dem Grade der Antikifirung in lichterer oder dunklerer Nüance, war felbftverftändlich eine mehr oder mindere Verdünnung der Milchfaftbrühe geboten.

V. Ueber die Papierfärberei.

Zu diefem Gegenftand habe ich in meiner erften Abhandlung über das arabifche Papier, Mitth. I. c. 146—151, nach dem mir damals zur Verfügung ftehenden Quellenmaterial das Hauptfächlichfte beigebracht, indem ich das nähere Eingehen auf die in die nachmittelalterliche Zeit fallende Papierfärberei unterliefs. Auch hier will ich diefe engere Grenze nicht überfchreiten. Die mir vorliegenden reichlichen Daten über die Herftellung der ungemein zahlreichen Farbenabftufungen und Schattirungen in der jüngeren orientalifchen Buntpapierfabrication bleiben einer Veröffentlichung an anderem Orte vorbehalten.

Was die uns hier befchäftigende alte Zeit betrifft, fo bin ich gleichfalls durch das *'Umdet el-kuttâb* in der angenehmen Lage, meine erften Ausführungen mit einigen intereffanten Daten nicht unwefentlich erweitern zu können. Gewiffermafsen als Anhang zu dem über die Papierbereitung handelnden XI. Capitel enthält das folgende XII. Capitel des gedachten Werkes unter dem Titel: صفة عمل صباغ الوان الورق, Befchreibung der Zubereitung der zur Färbung des Papiers dienenden Farbenflüffigkeit, Recepte, welche ich im arabifchen Wortlaut unter Begleitung der Ueberfetzung und Erklärung hier folgen laffe.

Wir werden daraus zunächft die Beftätigung des von mir l. c. 149 Gefagten entnehmen: dafs die Pigmente in älterer arabifcher Zeit lediglich nur zu fchlichten einfärbigen Papieren gebraucht wurden und hiefür fowohl Körperfarben, wie Saftfarben theils zu felbftftändiger Anwendung, theils zu Mifchungen gedient haben.

Die aufzuführenden Pigmente find einfache oder gemifchte, letztere folche, welche durch die Verbindung zweier einfacher Farben hervorgebracht wurden. Diefe wie jene find meift Abkochungen von Pflanzentheilen und wurden nach dem Kochen manchmal zur Erhöhung der Modification oder Schattirung mit einem Mittel als Beize, ftets aber mit einem klebenden Bindemittel (Stärke) verfetzt. Das Auftragen der Farbe gefchah oberflächlich auf das fertige Papier: 1. durch ‚Eintauchen‘ (fiehe oben S. 109 f.); 2. durch ‚Einreiben‘ oder ‚Verftreichen‘ auf einem ‚Streichbrett‘ (fiehe oben S. 105) und 3. durch das ‚Abziehen‘, indem der fchwach angefeuchtete Bogen ausgebreitet auf die Oberfläche der in einem genügend weiten Gefäfse befindlichen Farbenbrühe gelegt und wieder davon abgehoben wurde. Von dem letzteren Verfahren gibt die nachfolgende Farbenlifte Kunde:

1. Blaue Papiere. Die mir vorliegenden Recenfionen des *'Umdet el-kuttâb* geben zwei Arten der Blaufärbung an:

a) Mit Indigo, النيل, im Cod. *L* fol. 28 *a* ganz kurz: فاما الازرق بالنيل, ‚was das Blau betrifft, fo gefchieht (die Färbung) mit dem Indigo'. Alfo eine durch Indigoauflöfung hergeſtellte Saftfarbe aus der Pflanzengattung *Indigofera*, النيل‎ *an-nîl*, woraus ſpan. *añil* und ſpäter unſer Anilin.[121]

b) Mit Aloë. Der Text in den Codd. *Ga* fol. 52 *a* und *Gb* fol. 42 *a* lautet:

أمــا الأزرق فبالجرادة واســمهـا صابرة وهى تنبــت ايام البطيخ لهــا ورق اغبر ولها حبّ اكبر من الحمص ودون البندقة والحبة مثلثة ثلاثة اضلاع تاخذ الحبّ الذى لها تضعه فى اناء فخار ثم تعصكه بالصرّة[122] حتى تخرج جلد الحبّة وتصير الحبّة بيضــاء وتعصرهـا على غيرهـا تصير زرقاء وتيبّس فى الظلّ بعد ذلك وتبخّر وطريقة البخور ان تاخذ الكــرنب الاخضر وتسلقه وتجعل ماءه[123] فى وعــاء وتعلق الصرّة[124] على وجه ذلك المـاء بحيث انها[125] لا تصل[126] الى الماء وتغطى[127] عليها وعلى الماء يومًا وليلة وترفع عنها الغطاء[128] تجدها زرقاء غاية ٠

وامّا صباغ الورق فهو[129] ان تبلّ[130] الصرّة[131] وتعصرها وتحطّ الورق فيها الى ان يرضيك لونها ٭

‚Was die blaue Farbe betrifft, ſo wird ſie mit *el-Dſchurâde* (d. h. die Rinde), deren Name *Sâbire* iſt, bereitet. Sie wächſt in den Tagen (des Wachsthums) der Melone, hat ſtaubfarbige Blätter, und Früchte, welche gröſser als die Kichererbſen und kleiner als die Haſelnuſs ſind. Die Frucht iſt dreikantig, mit drei Rippen. Du nimmſt nun die Früchte, welche ſie hat, legſt ſie in ein Thongefäſs, zerreibſt ſie dann mittelſt eines Beutels ſo lange, bis die Haut der Frucht ſich ablöſt und dieſelbe weiſs wird. Und quetſcheſt du ſie dann noch weiter, ſo wird ſie blau. Darnach dörre ſie im Dunkeln und beräuchere ſie. Die Procedur des Beräucherns iſt die folgende: Du nimmſt Grünkohl (*Brassica oleracea* L.), ſiedeſt ihn, gibſt ſein Abſudwaſſer in ein Gefäſs, hängſt den Beutel (mit den zerquetſchten Aloëfrüchten) knapp über die Waſſerfläche, ohne daſs er dieſelbe berührt und deckſt beide, Beutel und Abſud, einen Tag und eine Nacht hindurch zu; dann, wenn du die Schleierdecke abhebſt, findeſt du die Aloëfrüchte äuſserſt ſtark blau gefärbt.'

‚Was nun die Färbung der Papierblätter betrifft, ſo geſchieht ſie in der Weiſe, daſs du den Beutel (mit dem Abſudwaſſer) beſprengſt, ihn auspreſſeſt und die Papierblätter ſodann von oben herab auf die Farbflüſſigkeit legſt, bis daſs ihre Färbung dich befriedigt.'

Das hier beſchriebene Verfahren gewährt eine ſehr intereſſante Bereicherung unſerer Kenntniſs der alten ſogenannten botaniſchen Färberei. Daſs man die in der Heilkunde aller Zeiten wohlbekannte, aus den Aloëblättern gewonnene Droge im Mittelalter auch zur Bereitung des Laſurblaues gebrauchte, iſt bekannt;[132] bisher unbekannt war jedoch, ſoviel ich ſehe, die Benützung der Aloëfrüchte zu dem letztgenannten Zwecke. Neu ſind für uns auch die in der Quelle gebrauchten Namen, deren Identificirung mit der Aloë meines Erachtens keinem Zweifel unterliegen kann. Zunächſt ſtimmt die Beſchreibung der Früchte auf das Genaueſte zur Wirklichkeit; wie ja auch ſonſt die der Familie der Liliaceae angehörige Aloë ſehr richtig geſchildert wird als شجر له ورق كورق الســوسن وعلى حرفىْ الورقة شوك صغار وهو اطول واغلظ من ورق الســوسن وعليه رطوبة تنصق بـالـيد ولورقة عرق واحد الخ .

---

[121] Vergl. hierüber mein Buch ‚Die perſiſche Nadelmalerei Sûſandſchird', Leipzig 1881, 58 ff.

[122] *Ga* und *Gb* — بالطرة ‎ · [123] *Gb* — ماوه ‎ · [124] *Ga* und *Gb* — بالطرو ‎ · [125] *Gb* — انه ‎ · [126] *Gb* — يصل ‎

[127] *Gb* — تعطى ‎ · [128] *Gb* — الغطا ‎ · [129] *Ga* und *Gb* — وهو ‎ · [130] *Ga* — نبل ‎ ; *Gb* — تبل ‎ · [131] *Ga* und *Gb* — الطرة ‎

[132] Heyd, l. c. II. 558.

‚ein Baum, der Blätter hat gleich den Blättern der Lilie, nur dafs feine Blätter, welche länger und dicker als jene der Lilie find, an beiden Kanten kleine Stacheln tragen. Es haftet an ihm eine Feuchtigkeit, die fich an die Hand anklebt, indefs die Blätter ganz und gar von einem Safte ausgefüllt find'.[133] Diefe Pflanze nun, gleichwie ihren pharmakognoftifch berühmten Blätterfaft, kennen wir unter den Namen ἀλόη, hebr. אלוי oder אלואי, fyr. ܚܠܕܐ, ܐܠܘܐ oder ܨܒܪܐ = arab. الصبر aṣ-ṣabr oder aṣ-ṣabir und الصابرة aṣ-ṣibâre, wovon fpan. acíbar,[134] welch' letztere Formen der appellativen Bedeutung nach jeden bitteren officinellen Pflanzenfaft bezeichnen; daher Zamachfchari († 1143 n. Chr.) صبر ṣabir, auf Perfifch als داروی تلخ ‚ein bitteres Medicament' erklärt.[135] Den botanifchen Namen des faftfpendenden Theiles der Aloëpflanze lernen wir aber erft durch unfere Quelle kennen: الجرادة el-dfchurâde, ‚die Rinde'. In der That ift es die ‚Rinde' genannte dickwandige Epidermis, welche an der Grenze des fchlaffen Markes zahlreiche, mit dem eigenthümlichen Aloëfaft gefüllte Zellftränge enthält. Die von dem weit überwiegenden werthlofen Marke abgefchälte Rinde des Blattes genügt allein zur Gewinnung des officinellen Aloëfaftes.[136] Unfer zweiter Name الصابرة aṣ-ṣâbire, ‚die Geduldige', ift aber analog entftanden wie fyr. ܨܒܪܐ, das ein mifsverftandenes صبر ṣabr = ‚Geduld' ift.[137]

Während der fadenziehende gefchmacklofe Schleim des fchlaffen, grofszelligen, völlig durchfichtigen Markgewebes an der Luft fich nicht färbt, nimmt der in den Zellfträngen der Rinde reichlich enthaltene Saft in der Luft eine fehr fchöne tieffviolette bis rothe Farbe an.[138] Verfuche, welche Herr Prof. WIESNER zu diefem Zwecke mit den Blättern der *Aloë vulgaris* Lam. freundlichft unternahm, führten thatfächlich zu folchem Ergebnifs: der etwas gelbliche Saft ward roth, mit einem Stich ins Violette, wenn er mit der Luft durch einige Zeit in Berührung ftand. Am beften lieferte diefen Farbftoff nach dem Zeugniffe der muhammedanifchen Schriftfteller die altberühmte fokotrinifche Aloë. الصبر السقطری [139] oder الصبر الأسقطری,[140] fyr. ܨܒܪܐ ܣܘܩܘܛܪܝܐ,[141] *Aloë succotrina* Lamarck (*A. vera* Miller) von der Infel Sokotra im füdlichen Gebiete des rothen Meeres. Der alte perfifche Pharmakologe el-Herawi im X. Jahrhundert[142] führt unter allen Aloëarten die Sokotrinifche als die befte auf (اسقطری داو بهتر ه صبرا بود), deren Farbe blau ähnlich ift, wenn man fie auspreft (ورنکش زرد فام بود چون بکو ند). Dimifchki[143] hingegen findet den Saft der *A. socotrina* roth.

[133] Dimifchki († 1327). Kitâb nochbet ed-dahr, ed. MEHREN, 81.
[134] Löw, l. c. 235, 420.
[135] Kitâb mûḳaddimet el-adab, ed. WETZSTEIN, 58.
[136] FLÜCKIGER, l. c. 185 f.
[137] Löw, l. c. 295.
[138] FLÜCKIGER, l. c. 186.
[139] Jâḳût, Mu'dfchem el-buldân, ed. WÜSTENFELD, III, s. v.; Merâṣid el-iṭṭilâ, ed JUYNBOLL, II, 37; Ḳazwînî, Adfchâib el-machlûḳat, ed. WÜSTENFELD, II, 45; Ibn Sa'îd († 1274/5), in Abû l-fedâ, Kitâb taḳwîm el-buldân, ed. SCHIER, 207.
[140] Dimifchki, l. c. 81.
[141] Löw, l. c. 295.
[142] Kitâb el-ebnijje etc., 105.
[143] Nochbet ed-dahr, l. c. 81.

Dafs auch die **Frucht**, حب, der Aloë das Extract zur Blaufärbung hergab, erfahren wir gleichzeitig mit der Bereitungsweife nun erft von den Arabern. Die Darftellung des Textes bedarf keiner Erklärung. Höchftens wäre zu bemerken, dafs das Quetfchen und Ausprefsen, fowie Eindämpfen oder Beräuchern der in einem Beutel, صرّة, verfchloffenen Früchte und Samen ein in unferer Quelle öfters befchriebenes Verfahren betrifft.[144] Die Prüfung auf den Erfolg desfelben an Aloëfrüchten bleibt einer paffenden Gelegenheit vorbehalten.

2. **Oelgrüne Papiere.** وامّا صباغ الورق زيتي نخذ من هذا الازرق المذكور وافسخه بزعفران فانه عجيب, ‚Was die Färbung des Papiers zu Oelgrün anbelangt, fo nimm von dem vorbefchriebenen Blau und temperire es mit Safran: auf das wird fie wunderbar.' Der Ausdruck زيتي *zeitijj*, d. h. grün wie das Oel (von der Olive) ift belegt.[145]

3. **Violette Papiere.** وامّا البنفسجى فافسخ الازرق بالاحمر, ‚Was das Violett betrifft, fo temperire das Blau mit dem Roth.' Die Erklärung der letzteren Farbe ift im Nachfolgenden gegeben.

4. **Rothe Papiere.** وامّا الاحمر فاللكّ المحلول, ‚Was das Roth anbelangt, fo gefchieht die Färbung mit dem aufgelöften Lack.' Unter diefer zu den Körperfarben gehörenden Lackfarbe verfteht fich im Sanskrit die *Krmidfcha*, d. h. ‚Wurmerzeugte', ein Farbftoff, welcher aus der in Vorder- und Hinterindien lebenden weiblichen Schildlaus, *Coccus lacca*, gewonnen wird. Diefe Thierchen find dort bekanntlich maffenhaft auf verfchiedenen Bäumen (Croton, Butea, insbefondere Ficus etc.) zu finden, wo fie an den zarten Zweigen haften und den Rüffel beftändig in die Rinde eingefenkt haben. Hiedurch locken fie fo viel Saft hervor, dafs das ganze Thier damit überzogen wird und den man, fobald er erhärtet ift, **Gummilack** nennt. Mittelft eines Löfungsproceffes läfst fich daraus ein fchöner rother Färbeftoff gewinnen, welcher theilweife in den Zellen des weiblichen Thieres, theilweife aber eingetrocknet in den von den entfchlüpften Maden erzeugten Durchlöcherungen des Harzüberzuges vorhanden ift. Diefes farbhältige Harz heifst im Sanskrit *lâkfchâ*, davon perf. لك *lâk*, لكا *lukâ*, griech. λάκκα, λάκκος, λακχᾶς, λαχᾶς, λαχᾶ u. f. w., unfer **Lack**.[146] Als das befte Lack galt in der arabifchen *Wirâke* das von **Sumatra**, als Product der Infel und durchaus nicht als blofser Einfuhrartikel aus Pegu und Martaban, wie Garcia da Orto behauptet. Nach dem vortrefflichen W. Heyd, welcher diefe Provenienz bereits ficher geftellt, war deshalb auch die *lacca sumutri* neben der *lacca martabani* im orientalifchen Handel fehr verbreitet gewefen.[147] Zur Beftätigung deffen fagt unfere Quelle, welche im erften Abfchnitt des XIV. Capitels, *L* fol. 29 *r*—31 *a* (*Ga* fol. 55 *r* f.; *Gb* fol. 44 *r* f.) فى حلّ اللكّ لصبغ الورق وغيره, ‚über die Auflöfung des Lackes behufs Färbung des Papiers etc.' handelt und hiefür eilf verfchiedene Anweifungen gibt: ان اجود اللك المطرى وبعده الكالكوتى وجديده احسن من قدمه, ‚fürwahr, das ausgezeichnetfte Lack ift das von Sumatra, nach ihm kommt jenes von Calicut, und das neue ift fchöner als das alte.' Auch wird für

---

[144] So *L* fol. 28 *r*: ونجعله فى صرّة شاش رفيع صفيق ‚Thu' es in einen Beutel von feinem dünnem Schäfch-Stoff'. und andere Beifpiele.

[145] Dozy, Suppl. I, 617.

[146] Ausführlicheres über die Rothfärbung in meinem Buche ‚Die perfifche Nadelmalerei Sûfandfchird', Leipzig 1881, 40—51.

[147] Heyd, Gefchichte des Levantehandels, II. 613.

die Papierfärbung *L* fol. 30 *r* ferner vorgeschrieben: اللكّ المطرى انطيب النقي من عيدانه المسحوق, ‚das gute, von seinen Zweigsplittern rein losgelöste, zerstoßene (gepulverte) Sumatra Lack'. Hierauf bezieht sich zweifelsohne die in der italienischen Handelsusance des Mittelalters übliche Bezeichnung *polvere di lacca*. Sonst kam die *Lacca*, wie Pegolotti und Garcia da Orto uns unterweisen, entweder roh, in ihrer ursprünglichen Gestalt und als mindere Qualität, oft noch mit anhaftenden Zweigsplittern zum Verkauf (*lacca cruda*), oder wurde durch Erhitzung in Formen gebracht (*lacca cotta*).[148] Das pulverisirte Lack konnte naturgemäß nur reinstes Material bieten. Es gab ein schönes lebhaftes Roth. Doch wurde sein Pigment auch in der Papierfärberei in üblichen Nüancen durch verschiedene Zusätze ins Hellere moderirt.

5. Aloëholzartige Papiere. واما العودى فبالبقم, ‚Was die aloëholzartige Färbung betrifft, so geschieht sie mit dem Brasilienholz.' Papier nach diesem Recept gefärbt, zeigte ein rosiges Pigment. Dasselbe ist ein Absud des Brasilienholzes, arab. بقم *bakkam*, von dem Baume *Caesalpinia Sappan*. Der Farbstoff, welcher je nach den Sorten verschiedene Nüancen aufwies, wurde nach Beseitigung der Rinde und des zunächst darunter liegenden weißen Holzes, aus dem inneren rothen extrahirt. Für die beste Sorte galt im Mittelalter die von Kulam oder Quilon (*colombino*) in Hellroth; die trübrothe war die mittlere, die gelbliche die schlechteste Sorte.[149] Die erstere bezieht sich auf den in unserer Quelle gebrauchten Pigmentterminus عودى *ûdijj*, ‚aloëholzartig', von عود *ûd*, *Aquilaria agallocha* Roxb., ἀγάλλοχον, dessen Erklärung Dozy[150] offen ließ. Die Stelle in Tausend und eine Nacht:[151] وعليه الفرجية الجوخ العودى, ‚er hatte eine lange Robe aus aloëholzfarbigem Tuch an', zeigt eben die Verwendung des Brasilienholzes in der Textilfärberei zur Herstellung hell- oder rosarother Zeuge und Tücher an, welche im Abendlande unter dem Namen *panni berziliati* bekannt waren. Das الورق العودى, aloëholzfarbige Papier ist zweifellos identisch mit dem von mir bereits nachgewiesenen الورق المورد, rosenfarbigen Papier der alten Zeit (Mitth. II./III., 150).

6. Saatfärbige Papiere. واما الزرعى فالزعفران والزنجار, ‚Was die saatartige Färbung anbelangt, so geschieht sie mit dem Safran und dem Grünspan.' Diese Pigmentbezeichnung ist nicht dem Vergleiche mit der reifen Saat entlehnt, bezeichnet also keineswegs ein Gelb, wie etwa pers. كاهى *kâhi*, d. h. strohfarbig, sondern die frische grüne Saat in ihrem charakteristischen Farbton. So wird denn auch زرعى *zara'ijj*, saatfarbig = grün erklärt von dem in der zweiten Hälfte des XIII. Jahrhunderts im östlichen Spanien (Catalonien oder Valencia) verfaßten arabisch-lateinischen Wörterbuch.[152] Dementsprechend liest man in Tabari[153] zum Jahre 198 H. = 813/4 Chr.: امر محمد بن زيدة يوماً ان يفرش له على دكان فى الخلد ‚Muhammed Sohn der Zobeïde befahl eines Tages, فبسط له عليه بساط زرعى وطرحت عليه مرافق الخ daß ihm auf einer Wandbank des Palastes el-Chuld ein Lager bereitet werde. Darauf wurden ihm über dieselbe ein saatfärbiger (grüner) Teppich gebreitet und Kissen auf

---

[148] Heyd, l. c. 612.
[149] Heyd, l. c. II, 570 ff.
[150] Suppl. II, 281.
[151] Bresl. Ausgabe, X. 277.
[152] Vocabulista in arabico, public. da Schiaparelli, in Dozy, l. c. I. 586.
[153] Annales, III, 111, ed. S. Guyard, 950; auch Ibn el-Athîr, Chron. ed. Tornberg, VI. 206.

denfelben gelegt u. f. w.' Um nun diefe Pigmentirung hervorzubringen, verfetzte man behufs modificirender Temperirung die Safranlöfung mit einer aus kryftallifirtem Grünfpan, زنجار sendfchär (= perf. زنكار zengàr) beftehenden Beize.

7. Gelbe Papiere. واما الاصفر فالزعفران واللیمون, ‚Was das Gelb betrifft, fo gefchieht die Färbung mit dem Safran und der Citrone.' Diefes Pigment ward zu feiner Erhöhung temperirt, indem man die Safranlöfung mit einem Abfud von Citronrinde (Limonfchale), *Cortex Limonis* verfetzte. Diefe Fruchtfchale ift ein auch in der heutigen Buntpapierfabrication gebrauchtes Mittel zur Erzeugung von gelber Saftfarbe.

Alle die hier aufgeführten Saftfarben dienten zur Herftellung eines leichten, durchfichtigen, das Auge mild einnehmenden Farbenüberzuges, indem fie fich ja von vornherein bekanntlich nichts weniger als zu einer fatten und feurigen Färbung eigneten. Was man alfo in unferer heutigen Buntpapierfabrication in Beziehung auf diefes Verhalten der Saftfarben als Nachtheil erkennt, fafsten die Araber, deren reiche Farbenfcala in erfter Linie zur Erhöhung des kalligraphifchen Papierwerthes dienen follte, als Vortheil auf. Auch die rothe Körperfarbe hat fich, wie wir gefehen, als helle Tonart erwiefen.

VI. Die Entftehung der Fabel vom Baumwollenpapier.

Unter diefem Titel habe ich in meiner erften Abhandlung über das ‚Arabifche Papier', Mitth. II./III., 129—136, dasjenige beigebracht, was mir hinreichend fchien, eine Vermuthung über die Entftehung der Fabel vom Baumwollenpapier auszufprechen und zu begründen. Diefe Begründung, auf welche ich zunächft hier verweife, glaubte ich fefthalten zu dürfen. Nun kann fie mit einer neuen gewichtigen Stütze bewehrt werden.

Meine Aufftellung ging dahin, dafs die Entftehung der Bezeichnung *charta bombycina* im letzten Grunde und direct nicht auf die Aehnlichkeit des Papierzeuges mit Baumwolle fich zurückleiten läfst, dafs vielmehr diefer der rein äufserlichen Erfcheinung der Papiere allerdings entfprechende Wortbegriff erft in zweiter Linie fich herausgebildet habe.

Ich leitete nämlich den Urfprung der Bombycin-Papiere von der nordfyrifchen Stadt Bambyce, Βαμβύκη, arab. *Mambidfch*, ab, unter der Vorausfetzung, dafs die darnach benannte *charta bambycina* (χάρτης βαμβύκινος), d. h. das bambycifche Papier, wegen feiner äufseren Erfcheinung den Anlafs gab, diefen Namen in das fo naheliegende *charta bombycina* (χάρτης βομβύκινος), d. h. Baumwollenpapier zu verändern. Eine reiche Nomenclatur liefs auch die Mittelglieder für diefe Erklärung finden. Mein Rückfchlufs gründete fich, neben dem Parallelismus der *charta damascena*, auf die Analogie der الثیاب المنبجانات, alfo: *vestes bambycinae* (εἵματα βαμβύκινα) oder *pannі bambycini*, d. h. ‚bambycifchen Zeuge', welche im Mittelalter Berühmtheit erlangten.

Gegen diefe Aufftellung könnten, wie ich zugeben will, vielleicht zwei Bedenken erhoben werden. Erftens, die zweifelnde Frage, ob denn die Benennung gewerblicher Erzeugniffe des Orients nach dem Ort ihrer Herkunft wirklich fo gebräuchlich war, auf dafs ihre hervorragendften Specialitäten damit einen Weltruf zu erlangen vermochten? Und dann zweitens der Mangel des ftricten Nachweifes einer Papierfabrik in Bambyce oder Mambidfch. Der Beantwortung des erfteren Punktes dürfte ich mich gegenüber Kennern des Orients und feines Einfluffes auf die Culturbewegung des Abendlandes wohl für überhoben erachten. Nicht fo, was etwa den einen oder anderen Gelehrten betrifft, dem die geiftigen Beziehungen „ultra mar" fehlen: da gilt es freilich augenfcheinliche Beweife herbeizufchaffen. Ich entnehme fie der textilen Gruppe, welcher bekanntlich auch das Papier technologifch zugetheilt wird. Einige Analogien aus dem reichen Vorrathe der dem Oriente entlehnten geiftigen Güter unferes Erdtheils werden darthun, dafs die Wandlung der *charta bambycina* in *charta bombycina*, d. h. die fucceffive Uebertragung des örtlichen in das ftoffliche Erkennungszeichen zu den allergewöhnlichften Erfcheinungen gehört, welche durch die uralten mercantilen Beziehungen zwifchen Afien und Europa gezeitigt wurden. Es waren im chriftlichen Abendlande hunderte aus dem Orient herübergekommener Benennungen gang und gäbe, von deren Entftehung man fich keine Rechenfchaft zu geben wufste, in deren Begriffsausdruck man die Bedeutung des Stoffes legte, indefs er urfprünglich auf die Localität feiner Herkunft fich bezog. Ift es nicht auch heute fo? Niemandem fällt es ein, in unferem ‚Baldachin' etwas Anderes als eine fefte oder tragbare Ueberdachung zu erblicken, und doch hat diefer Name eine zweifache Wandlung hinter fich. Denn die Begriffsbezeichnung für die ftoffliche Ueberdachung entwickelte fich aus dem *baldachinus* genannten Stoff (Goldbrokat); und diefer Stoff führt uns wieder zurück auf feinen Urfprung von Bagdâd, denn diefe Stadt hiefs im abendländifchen Mittelalter unter Anderem auch Baldach. Somit ift *pannus baldachinus* in letzter Linie die genaue Uebertragung von arab. الثوب الغدادى, d. h. ‚das bagdâdifche Zeug'. Wer würde glauben, dafs unfer Satin etwas Anderes bezeichne, als das brillante glatte Atlasgewebe, von dem fich das fatiniren, d. h. glätten ableitet? Und doch fteckt in *Satin* ein durch die Araber vermittelter chinefifcher Stadtname. Diefer Stoff wurde fo genannt, weil er in vorzüglichfter Qualität von dem den Arabern im Mittelalter offenen chinefifchen Exportplatz *Tseu-thung* bezogen wurde. Aus dem Namen diefer Handelsftadt haben die Araber زيتون *Zeitûn* gemacht und eine Art dafelbft fabricirten Seidengewebes aus der atlasartigen Kinfcha-Gattung زيتونى *Zeitûnijj* (mit Artikel: الزيتونى *az-Zeitûnijj*), d. h. das zeitûnifche Zeug genannt, woraus fich wieder die fpanifchen Benennungen *aceituni* oder *setuni* und im Franzöfifchen unter manchen Wandlungen *zatouin* bis zum heutigen *satin* gebildet haben.[154] Wenn wir von Organdin (Organfin) fprechen, verknüpft fich damit die technologifche Vorftellung eines locker gewebten, leinwandartigen, feideweichen Baumwollftoffes, Mull. Und doch hat der Name zur textilen Erfcheinung des Objektes keine Beziehung; er leitet fich, gleichwie jener der Organfinfeide, von dem Seidenmarkte Urgendfch in Chiwa her, welcher im Mittelalter in Europa unter dem Namen Organzi geläufig war.[155] Dasfelbe ift mit dem verwandten Muffelin der Fall, welcher feinen Namen der Stadt el-Maușil (Mofful) verdankt.

Die Kirmânfchâh-Teppiche, welche jetzt noch durch ihre herrliche Farbenpracht das Auge entzücken und die Luft der Sammler reizen, waren im Mittelalter unter dem Namen *Cremesini* berühmt, den man mit dem hervorftechenden rothen Farbton, *cramesi*, *carmoisi*, d. h. kermesroth, alfo wiederum mit der äufseren Erfcheinung in Beziehung bringen wollte, was aber durchaus irrig ift: die *Cremesini* hiefsen fo nach Ķermifîn, dem mittelalterlichen Namen der perfifchen Stadt Kirmânfchâh. Und nun erft unfer allbekannter und gefchätzter Barchent! Diefer auch durch die mittelhochdeutfche Dichtung

---

[154] Vergl. meine Abhandlung: ‚Ueber einige Benennungen mittelalterlicher Gewebe', 1882, 11 f.
[155] Ueber einige Benennungen etc., 21 f.

bei uns heimisch gewordene Name, erweckt bei seiner Nennung stets ein Gefühl des Behagens, da sich mit ihm der textile Inbegriff des populärsten wärmenden Baumwollzeuges verbindet. *Bombacina parchanus* nennt ihn das Mittellatein,[156] desgleichen *barracanus, barchanus*; daneben gehen die mittelhochdeutschen Formen *barragán, barkán, barchant (parchant), barchent*. Die letzte, auch heute übliche Form *barchent* hat sich aus der ersten, *barragán*, entwickelt, und diese ist das pers. بَرَّكان *barragán*, arab. بَرَّكان *barrakán*, welches den Namen eines Districtes von Schiráz bildet, von wo das ursprünglich kameelhaarige, roth und schwarz gestreifte Zeug bereits im X. Jahrhundert exportirt wurde.[157] Berühmt und allgemein verbreitet war im christlichen Abendland ein mittellat. *attabi*, span., port., ital. *tabi*, franz. *tabis* genanntes Gewebe, dessen Namen man noch in neuester Zeit zur etymologischen Erklärung unseres ‚Teppich' *(tappeto, tapis)* heranzog. Er hat indefs mit dem letzteren nichts gemein. Diese Namensformen sind völlig unabhängig von jenem *tabis* und gehen auf griech. τάπης, τάπις, τάπητα, ταπήτιον, lat. *tapete*, syr. *tafeta, tafita*, chald. *tapis* zurück. Jene sind aus dem arab. عَتَّابِي *'attábijj*, d. i. ein wellenartig gestreifter Tafft, entstanden, welche textile Bezeichnung aber auf das العَتَابِين *el-attábijjin* genannte Stadtquartier von Bagdád, den Sitz dieser Gewebemanufaktur, hinzuleiten ist.[158] Ich will diese Analogien mit einem schlagenden Beispiele beschliefsen. Die mittelalterlichen Schatzverzeichnisse führen nicht selten eine Gattung Seidenstoff namens *canceus, canzeus* oder *cangium* auf. Man hat sich um die Erklärung seiner Provenienz vergeblich bemüht. Soviel schien festzustehen, dafs das Zeug von Seide und seiner Bedeutung entsprechend schillernd gewesen sei: *pannus forte unius quidem coloris; sed alio minus intensiore intermixtus, ita ut pro diverso aspectu subinde mutetur, quomodo Taffetas changeant dicimus*.[159] Weit gefehlt! Die dem Stoff imputirte apellativische Erklärung aus seiner lateinischen Namensform ist ganz und gar haltlos. *Canceus, canzeus* oder *cangium* kommt von der durch ihre satinirten Stoffe berühmten chinesischen Stadt *Chansá* (arab.), d. i. *Kingszé* (= Hauptstadt, oder *Kinsai* des Marco Polo, *Causai* etc.) her, deren älterer Name *Hang-tschéu* lautet. Die westlichen Tataren China's nun sprechen bekanntlich alle chinesischen Worte, die mit einem Hauchlaut anfangen, mit einem harten Kehllaut aus, weshalb z. B. Marco Polo auch *Coiganzu* statt Hoai-ngan-tschéu überliefert. Aufserdem wurde das chinesische *tsch* in den altvenetianischen Handschriften der Reisebeschreibung immer mit *g* oder *z*, und *tschéu* mit *giu* wiedergegeben,[160] weshalb leicht im venetianischen Dialekt aus Hang-tschéu ein *Canzu* oder *Cangiu* entstehen konnte. Und wahrlich, der italienische Text des Ramusio hat richtig diesen Namen *Cágiu = Cangiu =* Hang-tschéu überliefert. Die Beziehung aber dieser letzteren Form zu unserem *Cangium* oder *Canzeus* ist durch das arabische Relativum

---

[156] Aliquarum rerum vocabula cum teotonico annexo, Handschrift der Stiftsbibliothek in Melk, charta, 4", XV. Jahrhundert (II. 42), fol. 106.

[157] Die Quellenbelege für diese und die übrigen Ableitungen müssen, als hier zu weit führend, einer anderen Gelegenheit vorbehalten bleiben.

[158] Meine ‚Persische Nadelmalerei Sûfandschird‘, l. c. 105, Anmerkung 90.

[159] Du Cange, s. v. *cangium*; Francisque-Michel, Recherches sur le commerce, le fabrication et l'usage des étoffes de soie etc. pendant le Moyen-Âge, II, 57.

[160] The Book of Ser Marco Polo, by H. Yule, I, 99; I, 214.

خانساوىّ *chanſâwijj*, d. i. ein Seidenſtoff aus Hang-tſchéu, verburgt.[161] Das Reſultat iſt: man hat ſchon im Mittelalter, durch den Gleichklang verleitet, die urſprünglich überlieferte Relation zur chineſiſchen Manufacturſtadt in eine der äuſseren ſtofflichen Erſcheinung des Gegenſtandes entſprechende lateiniſche Bezeichnung mit appellativer Bedeutung verändert. Alſo genau dieſelbe Wandlung, wie ſie nach meiner Annahme die *charta bambycina* zur *charta bombycina* erfuhr.

Derlei Analogien vermöchte ich in noch gröfserer Zahl aus allen Gebieten der gewerblichen Künſte des Orients beizubringen, wenn die bereits gegebenen Beiſpiele ſolches nicht überflüſſig erſcheinen lieſsen. Meine Annahme der *charta bambycina*, d. h. des ‚bambyciſchen Papiers', iſt eben in dem Weſen der gewerblichen Ausdrucksweiſe des Orients begründet. Benennungen wie: Samarkander, Bagdâder, Tihâmiſches, Jemeniſches, Aegyptiſches, Damasceniſches, Tiberiadiſches, Tripolitaniſches, Hamaer, Maghribiniſches, Schâtibiſches, Tebrizer Papier u. ſ. w. (Mitth. II/III, 121 ff.) beweiſen ſchlagend, dafs dieſer Bezeichnungsmodus gerade in der Papiermanufactur die Regel war. Und iſt dieſe Prämiſſe richtig und unanfechtbar, ſo mufs ſie ſich mit dem Schluſſe decken: Der durch unſere poſitiven mikroſkopiſch-hiſtoriſchen Ergebniſſe begründete Satz, ‚es hat niemals ein aus roher Baumwolle erzeugtes Papier gegeben', bedeutet ſo viel, dafs die Bezeichnung *charta bombycina* gar nicht die urſprüngliche geweſen ſein kann. Woher hätte ſich auch der enorme Bedarf des Abendlandes an derlei Rohmaterial im Mittelalter decken laſſen? Man dachte an Sicilien. Bekannt iſt die Inſel als eine alte Stätte der Baumwollcultur. Noch bekannter iſt es aber, dafs immer, wenn Räthſelhaftes unvermittelt in unſerer abendländiſchen Cultur erſcheint, Sicilien wie eine halbmorgenländiſche Sphinx auftaucht, der das Geheimnifs zu entlocken ſei. Als ob die Verbindungswege des Oſtens nach dem Weſten nur allein über Sicilien geführt hätten! So mufste denn die ſiciliſche Baumwolle alle europäiſchen Papierfabriken mit Rohmaterial verſorgen um die *charta bombycina* erklärlich finden zu laſſen — man vergaſs aber dabei, dafs eben die ſiciliſche Baumwolle die ſchlechteſte war, welche in der mittelalterlichen Handelswelt gar wenig Credit genoſs: ‚Die abendländiſche Baumwolle taxirte der Kaufmann ſehr niedrig; als die ſchlechteſte bezeichnet Pegolotti die ſiciliſche, eine Stufe höher ſtand nach ihm die von Calabrien und Malta, beſſer war ſchon die aus der Baſilicata (Apulien); aber keine derſelben erreichte die Güte der levantiniſchen Sorten. Wollte man Baumwolle erſter Qualität kaufen, ſo mufste man die Grenzen des Abendlandes nicht nur, ſondern auch die der Chriſtenheit überſchreiten.'[162] Nichtsdeſtoweniger ſtand auch die ſiciliſche Baumwolle hoch im Preiſe und ihre Ausfuhr war, laut dem zwiſchen Friedrich II., ddo. März 1232 a. J. und der Commune von Venedig abgeſchloſſenen und durch deſſen Sohn Manfred, ddo. Juli 1259 a. J. und ſpäter wieder durch Conrad II. erneuerten Vertrag, ausſchlieſsliches Monopol der Venetianer,[163] welche freilich auch nicht ſelten ſich mit Gewalt in den Beſitz dieſes koſtbaren Handelsartikels zu ſetzen ſuchten. Die verſchiedenen, über Erſatzanſprüche für die durch venetianiſche Freibeuter verurſachten Schäden an die Signorie eingegangenen

---

[161] Ueber einige Benennungen etc., l. c. 12.

[162] HEYD, l. c. II. 573.

[163] Libri pactorum, k. k. Haus-, Hof- und Staatsarchiv in Wien, tom. I, fol. 290 r, 340 f.; tom. II, fol. 47 r a., 51 a.

— 47 —

Berichte der venetianifchen Confuln geben hievon Zeugnifs: gerade die Bürger Apuliens hatten wegen ihrer durch venetianifche Schiffe gekaperten Baumwollladungen Klage zu führen.[161]

Man fieht alfo, dafs die ficilifche, oder fagen wir unteritalifche Provenienz der Baumwolle an fich den Bedürfniffen der mittelalterlich-europäifchen Papierfabriken nicht hätte entfprechen können, weder quantitativ, noch qualitativ.

Wie fteht es heute damit? Unfere moderne, in allen Fineffen und Praktiken der mechanifchen Technologie hochausgebildete Papierinduftrie kennt gar nicht die rohe Baumwolle als Papiermaterial! Natürlich, weil das Faferwerk derfelben fich nur fchwer vollkommen verarbeiten läfst. Was alfo der Mafchinenbetrieb im Zeitalter der Dampfkraft als unausführbar auszuführen unterläfst, follte man vor etlichen Jahrhunderten fchon mittelft des Stöfsels im Mörfer zu Stande gebracht haben? Auch die mürben Fafern in den abgenützten Baumwollhadern finden bei all' ihrer Billigkeit und Abundanz blos eine befchränkte Verwendung, infoweit nämlich, als man fie zur Untermifchung und Erzeugung von Flüffigkeit einfaugenden Papieren für tauglich erkennt. Im Uebrigen fuchen unfere Papiermacher als Erfatz für das befte, aber infolge ungeheuren Verbrauches immer feltener und koftfpieliger werdende Rohmaterial aus Leinenhadern emfig nach Surrogaten, deren eines, das Holz, uns die Herrfchaft des vorzeitig vergilbenden Papiers befcheert hat.

Will man zugeben, dafs nach dem Gefagten der *charta bombycina* ftofflich wie technologifch die Bafis entzogen ift, fo wäre der Ausdruck eingefchränkt nur mehr auf die baumwollartige Erfcheinung des Hadernpapiers zurückzubeziehen. Dies ift unter allen Umftänden, meine ich, jetzt als erwiefen feftzuhalten. Hieran knüpft fich jedoch meine oben kurz wiederholte Hypothefe von der *charta bambycina*, d. h. dem bambycifchen Papiere. Indem ich die in meiner erften Abhandlung, Mitth. II, III, 129–136, zu ihrer Unterftützung mitgetheilte hiftorifch-antiquarifche Begründung in vollem Umfange aufrecht halte, glaube ich nun ein neues, fehr gewichtiges Beweismoment hinzufügen zu können.

Kurz nach der Publication meiner Abhandlung über das „Arabifche Papier", fand ich unter den arabifchen Handfchriften der herzoglichen Bibliothek in Gotha unter Nr. 377 einen Codex, welcher 1204 n. Chr. in Mambidfch, d. i. Bambyce entftanden ift. Herr Geh. Hofrath Dr. PERTSCH hatte die Güte, mir mit liebenswürdiger Bereitwilligkeit eine kleine Papierprobe des Codex, fowie feine ungemein wichtige datirte Unterfchrift (Kolophon) in Abfchrift zu fchicken (ddo. Gotha, 14. December 1887). Ueber erftere ward mir von Seite meines hochverehrten Herrn Collegen Prof. WIESNER alsbald der folgende mikrofkopifche Befund mitgetheilt:

„1. Es kann gar keinem Zweifel unterliegen, dafs das fragliche Object ein Hadernpapier ift; denn es liefsen fich mikrofkopifch an einzelnen Stellen Garnfädenfragmente darin nachweifen.

2. Baumwolle wurde in diefem Papiere an keiner Stelle gefunden, fondern blos Baftzellen (Lein- oder Hanffafer). Leinfafer ift gewifs darin enthalten, Hanffafer konnte nicht conftatirt werden, doch mag felbe darin enthalten fein; zur Entfcheidung der Frage, ob Hanffafer darin enthalten ift, reichte diefes Unterfuchungsobject nicht aus.

---

[161] Lib. commem., k. k. Haus-, Hof- und Staatsarchiv in Wien, tom. III, fol. 27 a, ann. 1320 a. J.

KARABACEK. Neue Quellen zur Papiergefchichte.

3. Als Leimungsmaterial erscheint schon, ohne jede Vorbehandlung, einfach nach Ausweis der mit wässeriger Jodlösung gemachten Probe, Stärkekleister. Letzterer ist sehr reichlich vorhanden.

Also: Dieses Papier ist ein mit Stärkekleister stark geleimtes Hadernpapier.'

Die Unterschrift lautet:

وهذا آخر كتــاب (sic)

والحمد لله رب العالمين والصلوة على محمد سيد المرسلين وقع الفراغ من زبركله صبيحة نهار الاثنين الثـانى والعشرين من جمـادى الاول سنة ستمـائة بمنبج حماها الله على يدى محمد بن المظفر بن عمر القزوينى تغمـدد الله ..... والمسلمين ......

,Dies ist das Ende des Buches.'

Lob sei Gott dem Herrn der Welten und der Segen (Gottes) sei über Muhammed dem Herrn der Gesandten! Es ereignete sich die Vollendung der ganzen Abschrift in der Morgenfrühe des Montag am 22. Dschumâdâ I. des Jahres 600 (= 27. Jänner 1204 n. Chr.) in Mambidsch — Gott beschütze es! — durch Muhammed Sohn des el-Muzaffir, Sohnes des 'Omar aus Kazwin, den Gott mit seinem Erbarmen decken möge! .....und für die Gläubigen.....'

Diese Unterschrift kommt, wie der Ductus und der einleitende Formel على يدى zeigen, von einem وراق Warrâḳ, also professionellen Copisten, der zur Gilde jener gehörte, welche die وراقة Wirâḳe, d. h. die Gesammtheit der das Schriftwesen umfassenden technischen Künste ausübten: ,Die Kunst der Warrâḳ', sagt Ibn Chaldûn († 1408),[165] ,geht dahin, dass dieselben das Copiren, Corrigiren und Einbinden besorgen, überhaupt sich mit allen Dingen, welche auf das Schriftwesen und die Archivalien Bezug haben, befassen. Diese Kunst ist als eine Specialität heimisch in allen grossen Städten, deren Civilisation sehr vorgeschritten ist' وجاءت صناعة الوراقين (للمعانين لانتساخ والتصحيح والتجليد وسائر الامور الكتبية والدواوين واختصت بالامصار العظيمة العمران). Zur näheren Begründung des Satzes geht Ibn Chaldûn gleich auf die Schreibmaterialien, insbesondere die Papierbereitung über. In der That hebt die Wirâḳe mit der letzteren an und endigt mit dem bis zum Einband fertiggestellten Buch (Codex). Der Warrâḳ also konnte, die Stadien seiner Kunst durchlaufend, Papiermacher, Tintenbereiter, Copirer, Collationirer, Verzierer, Miniaturer, Vergolder und Buchbinder sein. Dies der Inbegriff der Wirâḳe, deren Ausüber den gemeinsamen Namen Warrâḳ führten. Wo diese Kunst der Wirâḳe ihre Stätte aufgeschlagen hatte, da blühte nothwendig auch die Papierfabrication. Und deshalb erscheint es mir gerechtfertigt, auf Grund des hier nachgewiesenen, in Bambyce kunstgerecht hergestellten Codex vom Jahre 1204 für diese Stadt die Existenz einer Papierfabrik, welcher die *charta bambycina* entsprang, anzunehmen.

---

[165] Muḳaddime, Bûlâḳer Ausgabe vom Jahre 1284 H., 1, 352.

Arabisches Leinen-Lumpenpapier des X. Jahrhunderts n. Chr.
Mit unvermahlenen Gewberesten und Garnfäden.

(Vergrösserung: 2½.)